조연으로 살아가는 용기

조연으로 살아가는 용기

이학준 에세이

프롤로그

보들리언(Bodleian) 도서관은 옥스퍼드대학교(University of Oxford)의 중앙도서관이다.

몇백 년 전에 지은 건물부터 비교적 최근에 세워진 건물까지 모두 세 개 동의 빌딩이 중앙도서관을 구성한다. 웬만한 도시 크기의 지하서고가 세 개 건물을 연결한 땅 밑에 숨어있다고 들었다.

유난히 소심한 나는 아침마다 작은 전투를 벌인다. 원하는 구석 자리에 앉기 위해 개관 시간에 맞춰 도서관 문을 여는 것이다. 불행인지, 다행인지 나와 같은 유약한 자들이 영국의 오래된 학교에는 많다. 덕분에 후미진 자리 쟁탈전은 하루도 거르지 않고 계속된다.

수재들만 모인다는 천 년 묵은 대학교에서 깨달은 것이 하나 있다.

"세상 사람들은 지위고하(地位高下)를 막론하고 비슷한 과정을 겪는다."

옥스퍼드에 입학한 수재들도 사랑을 한다. 곁에 두고 싶은 이를 위해 도서관 자리를 대신 잡아주고 남들 눈을 피해 입맞춤도 한다. 면학 분위기를 망치는 순간, 날카롭게 지적하는 어린 꼰대도 있다.

그 모습을 볼 때마다 나는 입을 틀어막고 웃음을 참는다. 그리고 한국에 있는 제자들한테, 나아가 명품 브랜드의 환상에 짓눌린 이들한테 하고 싶은 말이 떠오른다.

"값비싼 허상에 쫄지 마라. 별거 아니다. 믿기지 않으면 직접 도전해 봐라."

내 젊은 시절, 얼마나 많은 시간을 열등감에 짓눌려 보냈던가. 미리 알았으면 좋았을 것을 쉰 넘어 깨달았으니 안타까운 일이다.

나는 이 글을 보들리언 도서관에서 쓴다. 케케묵은 도서관에 글 빚을 진 셈이다. 한참 노트북 자판을 두드리다 고개를 든다. 벽에 빼곡하게 채워져 서향(書香)을 풍기는 책들부터, 천장마다 내걸린 기부자들의 초상화들까지. 온통 낯선 것들이 나를 지켜보고 있다. 가슴이 철렁한다.

"어쩌다 여기까지 흘러온 것일까?"

어느덧 중년이라 불리는 나이. 허청거리며 걸어온 삶이었다. 어느 한 곳에도 정착하지 못하고 이런저런 도전을 계속하면서 지내왔다. 그런 내게 사람들은 손가락질하며 물었다. 너는 왜 철들지 않느냐고, 왜 그 나이가 되어서도 방황하느냐고.

그렇게 묻는 이들에게 나는 목젖을 떨며 나지막하게 대답하곤 했다. 교과서에서 배운 대로 살아왔다고. 오히려 당신이야말로 왜 일찍 철들었냐고. 왜 편하게 사는 법을 일찍 깨닫고 조심스럽게 사느냐고. 세상엔 온통 궁금한 것투성인데, 당신은 왜 도전하지 않느냐고 말이다.

하지만 그 대답은 공허한 메아리와 같았다. 어느 것에도 익숙하지 못한 내게 그들은 이 시대의 낙오자라고, 혹은 조연에 불과한 인물이라고 낙인찍은 뒤 냉정한 눈빛으로 쏘아붙였다. 그럴 때면 나는 죄인처럼 양손을 깍지 낀 채, 어쩔 줄 몰라 당황했다. 손가락 마디마디마다 땀이 맺혔는데, 긴장을 감추기 위해 양손을 골고루 매만져야 했다.

나도 별이 되고 싶었다. 까치발을 하고 화사한 것들을 향해 눈망울을 굴리고 있자면, 종내 몸이 두둥실 떠올라 한없이 높은 곳에 닿을 것만 같았다. 하지만 세상은 녹록하지 않았다. 곧추세운 머리는 언제나 푸른 하늘을 향했지만, 디디고 있는 발은 냉혹한 현실에서 한 치도 벗어나질 못했다. 결국 만인이 우러러보는 별이 된다는 건, 불가능한 꿈에 불과했다.

그런 까닭에 나는 절망했다. 그리고 상처받았다. 불행에 불행을 덧씌운 건 아둔한 기억력이었다. 매번 엎어져 절망했지만, 나는 그 아픔을 오래 기억하지 못했다. 그래서 다시 한껏 부푼 마음을 안고 새로운 세상을 향해 도약하고는 또다시 엎어졌다. 그렇게 다시 뛰어오르고, 실패하고, 절망하기를 반복했다. 그러다 나이가 든 지금의 나는 실컷 도전하고 잔뜩 절망한 뒤 한없이 상처받는 데 익숙하다. 마음의 상처에는 굳은살이 박이지 않은 법이라, 나는 여전히 아프다.

어린 시절, 나는 잡념 많은 소년이었다. 수업 시간에 운동장을 바라보면 교내 문방구를 운영하시던 부모님의 모습이 저만치에 보였는데, 아버지는 뒷짐을 지고 서 있고 어머니는 학용품을 늘어놓고 있었다. 그 가난한 풍경이 맘에 들지 않아서 나는 고개를 잔뜩 들어 하늘을 쳐다보곤 했었다.

그럼에도 마음껏 꿈꾸던 시절이었다. 나는 세상을 여행하는 방랑자가 되고 싶었다. 사람들을 열광시키는 영화감독을 동경했었고, 숨겨진 비리를 고발하는 신문기자도 되고팠다. 우주를 떠돌며 상상에 사로잡히다 보면, 어느덧 하늘엔 발그레한 노을이 졌다.

공상을 거듭한 결과인지, 다양한 일을 하며 살아왔다. 대학 시절에는 단편 영화감독이었다. 카메라 렌즈를 통해 보이는 세상은 가슴을 요동치게 만들기에 충분했다. 단편영화를 완성한 뒤 온라인으로 배급했는데, 세계 최초라고 했다. 그러나 아무도 거들떠보지 않는 초라한 현실. 나는 직접 보도자료를 써서 신문사에 팩스를 보냈다. 덕분에 언론의 힘을 깨닫게 됐다. 이후 외무고시 준비도 해보았고, 방송국 작가 공채시험을 통과해 잠시 사회생활도 했다. 하지만 돌고 돌아 다시 단편영화를 만들었다.

대학을 졸업하고 신문사에 들어와 기자 생활을 했다. 입사 동기의 꼬드김에 넘어가 종군기자도 다녀왔다. 난생처음 탑승한 국제선 비행기는 아프가니스탄으로 향했다. 무서워 죽는 줄 알았다.

회사가 기꺼워하지 않는 기사를 써버린 탓에 인터넷뉴스를 담당했는데, 그 유배지에도 신기한 것은 넘쳤다. 덕분에 온라인 뉴스 기획자로 활동할 수 있었다.

탐사보도를 담당하다 다큐멘터리 영화감독이 됐다. 대학 시절에 단편영화를 만든 경험이 크게 도움 됐다. 다큐멘터리를 촬영하는 동안, 열정적인 동료들을 만나 여러 번 국경을 넘고 밀항선을 탔다. 전부 불법이었다.

걸 그룹의 생활이 궁금해서 그들의 매니저 역할을 자청하기도 했다. 덕분에 외국 방송사들과 같이 일하게 됐다. 다큐멘터리를 연출하면서 나의 관심은 세상 밖으로부터 개개인의 내면으로 옮겨왔다. 기자의 외투를 벗을 시기가 다가옴을 느꼈다.

고(故) 김종학 감독님 밑에 들어가 드라마 조연출 생활을 한 것은 얼마 뒤의 일이다. 신문사 편집국과 다큐멘터리 제작팀 동료들은 내게 따져 물었다. 왜 너는 논픽션 세계를 박차고 픽션의 세계로 떠났냐고. 왜 현명하지 못한 선택을 매번 하느냐고. 나는 미안함에 말을 더듬었지만, 실은 어린 시절의 꿈을 이루기 위해 다른 세상의 밑바닥으로 편입했을 뿐이었다.

거장 밑에서 일하면서 드라마 작가를 해보라는 권유를 받았다. 하지만 이직한 방송국에서는 예능 PD를 맡았다. 생각해보니 어이없는 일이다. 나처럼 유연하지 못한 자가 예능 프로그램이라니. 남들 웃기는 일이 가장 힘들다는 걸 알았다. 예능은 웃길 뿐 아니라 울리기도 해야 하더라. 시청률 사냥에 매번 실패했으니, 나는 무능한 PD였다. 신문사 동기가 내게 방송국 생활이 어떠냐고 물으면 이렇게 대답했다.

"국제영화제 나가서 상 받는 게 오히려 낫겠다. 딴따라는 아무나 하는 게 아니야."

박사 학위를 받고 지방 대학교의 선생님이 됐다. 코로나(COVID-19)바이러스가 세상을 강타하던 시절이었다. 온라인으로 만나던 제자들을 실물로 대면했던 날을 잊지 못한다. 내 새끼가 아닌 다른 생명을 사랑할 수 있다는 사실에 감격했다. 그러나 대학의 현실 역시 만만치 않았다. 학령인구는 감소했고, 예술대학은 개교 이래 처음으로 미달됐다.

죄책감에 시달리다 무작정 사표를 내고 영국으로 왔다. 그렇게 옥스퍼드의 실업자가 됐다. 계획한 6개월이 지났다. 드라마 대본을 완성했지만, 제작사는 펀딩에 어려움을 겪었다. 한국으로 돌아가야만 했다. 나는 옥스퍼드대학교의 어느 교수님께 이메일을 보냈다.

　한 시간 미팅은 네 시간으로 늘어났다. 지나온 세월을 이야기했을 때, 교수님은 예상하지 못한 제안을 했다.

　"같이 일해보지 않을래요?"

　시험을 보고 옥스퍼드의 연구원이 됐다. 참으로 감사한 인연이다. 혹자는 유학 경험도 없이 세계적인 대학에서 일한다고 부러워한다. 하지만 나는 초보 연구원으로, 드라마 퇴고를 반복하는 데뷔 전 작가에 불과하다. 스스로의 위치를 과장하고 싶지는 않다.

　나는 지금도 소년처럼 호기심 가득한 눈빛으로, 세상에 존재하는 더 재미난 것을 찾아 두리번거리고 있다. 익숙하지 못한 일에 매달리느라 힘겹지 않으냐고 물으면, 그저 초심을 잃지 않으려고 노력 중이라 변명하겠다. 그런 이유로 앞으로의 행보를 묻는 그들한테 고개를 저어야 한다.

　이 책을 쓰게 한 세 사람이 있다. 신문사 선배는 가장 큰 격려를 해준 분이다. 저널리스트의 기본을 가르쳐준 사람이기도 하다. 지금은 가족처럼 지낸다. 드라마 제작까지 기다림의 시간이 길어지면서 고민을 호소한 적 있다. 선배는 스스로 인생을 정리할 겸, 에세이를 써보라고 했다. 나의 삶이 활자로 기록될 가치가 있을까. 그는 이렇게 대답했다.

　"그럼, 네가 얼마나 이상한 인간인데… 독자들이 관심을 가질 수도 있어."

한국어는 어미에 집중해야 한다. '~수도 있어.'라는 가정법에 현혹되어 몇 달 동안 책상에서 궁싯거리고 있다. 역시 어리석은 사람이다, 나는.

두 번째는 아내한테 보여주기 위함이다. 아내의 이름은 나래이다. 이상한 남편을 만난 덕분에 삶의 날개를 펴지 못했다. 가끔 마음이 괴로워서 일찍 일어난 새벽. 침대 끝에 걸터앉은 나의 등을 쓸어주는 사람이다. 그녀는 내가 주연이 아닌 조연으로 살아옴을 안타까워한다. 많은 경우, 내가 참여한 프로젝트들에서 나의 이름 석 자를 찾기 어렵다. 아내한테만큼은 그녀의 날개를 꺾은 남편의 흔적을 읽어주고 싶었다.

마지막으로 하나뿐인 딸, 지유를 위해 쓴다. 아이는 무럭무럭 자란다. 요즘엔 하고픈 일이 많다고 좋알댄다. 옥스퍼드대학교에 가겠다면서 어느 칼리지 돌담에 코딱지를 붙여놨다고 자랑하더라. 하지만 대학은 그렇게 갈 수 있는 곳이 아니다.

사랑하는 지유한테 전하고 싶은 말이 있다. 반드시 주연으로 살 이유는 없다. 조연으로 살아갈 용기가 있어야 삶이 풍성해진다. 아비는 비록 성공적인 삶을 살진 못했어도 지난 세월을 후회하지 않는다. 조연으로서 주연들을 뒷받침하면서 지내왔으나, 누군가는 뒤로 빠져 있어야 일이 성사되기에 그리하였다. 그러니 네가 앞으로 살아갈 세상에서 실패와 소외를 경험하더라도 용기를 내라고 당부하련다.

나는 지금 인생의 4막을 살고 있다. 1막은 신문기자와 온라인 뉴스 기획자, 2막은 다큐멘터리 영화 감독, 3막은 방송국 예능PD와 대학교수, 4막은 외국 대학의 연구원이자 드라마 작가이다.

돌아보니 여러 직업을 가지고 다양한 인생을 살았다. 낯선 세상과 부딪히느라 내 몸과 마음은 멍투성이지만, 좋은 사람들을 만나는 축복을 얻었으니 다행이다. 그들과의 만남을, 잊혀가는 기억과 버무려 힘겨운 문장으로 완성할 기회를 얻었으니 이 또한 감사하다.

마지막 첨언 하나. 짧다면 짧고 길다면 긴 인생, 자칫 발을 헛디뎌 인생 후반전을 고민하는 삶들을 응원한다. 이 글을 읽고자 책을 든 분들께 예의를 다해 고개를 숙인다.

2025년의 어느 날
영국 옥스퍼드에서 이학준 씀

목차

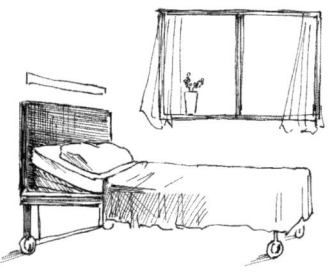

프롤로그 4

친애하는 어머니 16
인복 많은 초보 감독 29
특종의 맛 43
겁쟁이 종군기자 64
콤플렉스 패러독스 77
나의 모교, 다큐멘터리 88
이별의 두 얼굴 106
학생 없는 선생 118

추락의 날개 130

어차피 초보 인생 142

결국엔 사람 156

리셋 인생 172

옥스퍼드의 글쟁이 180

꿈꾸는 늙은 청년 189

에필로그 200

추천의 말 207

친애하는 어머니

세상에서 가장 가난한 곳은 어디일까? 나는 조금도 주저하지 않고 부산의 어느 달동네를 떠올린다.

초등학교 시절을 오롯이 보낸 그곳은 저녁 어둠이 서둘러 퍼지고 아침 햇살이 늦게 찾아오는 도심 속 빈민가였다. 지금도 이름을 알지 못하는 부산 외진 곳의 산등성이를 따라 판잣집이 다닥다닥 붙어 있었다. 도로에 인접한 부자 동네에서 산꼭대기를 바라보면 작은 집들은 구불구불 긴 줄을 이뤘다.

노을이 세상을 벌겋게 물들일 무렵, 달동네의 길고 어두운 밤이 시작됐다. 산등성이에 위치한 초등학교 운동장에는 시커먼 아이들이 어두워질 때까지 공을 차며 뛰어다녔다. 그들의 어머니가 찾아와 "어서 저녁 먹어라!" 하고 소리를 질러야 아이들의 놀이는 겨우 끝났다.

달동네 판잣집마다 밥 짓는 냄새, 생선 굽는 소리가 노릇노릇하게 피어나는 건 그 언저리부터이다.

나무 합판으로 벽을 만든 곳이기에 사생활은 보장되지 않았다. 어둠이 막아 놓은 시각의 한계 탓에 청각은 예민하게 확장됐다. 밥 먹는 소리가 들리는가 하면, 술 취한 아버지들의 고성방가가 이어지기도 했다. 부부 싸움 소리가 자정을 넘기기 일쑤였고, 연탄가스를 맡아 혼절한 아이를 깨우는 부모의 날카로운 비명이 들린 적도 있었다.

한바탕 벌어지는 소리의 향연은 달동네의 기나긴 밤을 가득 채웠다. 아침이 밝아 오면 달동네 꼭대기에서 저 멀리 푸른 바다가 어렴풋하게 보였는데, 그것이 가난한 마을에 사는 유일한 위안거리였다.

아버지의 사업이 망하는 통에 서울에서 부산으로 도망치듯 이사를 했다. 어머니의 손을 붙잡고 서울을 떠나 부산에 도착한 첫날, 나는 어이없어서 물었다.

"엄마, 이렇게 가난한 데서 살아야 하는 거야?"

난감해진 어머니는 아무 말도 하지 못했다. 우리 살림살이는 가난한 달동네에서도 가장 가난한 축에 속했기 때문이다.

세 식구의 보금자리는 산 정상에서 가까운 판잣집의 작은 다락방. 어른들이 앉아 있기도 불편한 작은 공간에 삼단으로 접히는 매트리스를 깔면, 그곳이 우리 집의 거실이 되고 안방이 되었다.

저녁이 찾아오고 달동네에 요란한 혼돈이 시작되면, 어머니는 입술을 꾹 다물었고 아버지는 조용히 술잔을 기울였다. 나는 그들의 눈치를 보다 끝내 푹신한 삼단 매트리스에 몸을 맡기고 잠들곤 했다.

부산에 와서 자주 매를 맞았다.
삼단 매트리스에 밤새 오줌을 싸버렸기 때문이다. 부모님은 처음엔 외할머니와 헤어진 충격으로 오줌싸개가 됐다고 안타까워했는데, 그 횟수가 늘어나자 회초리를 들었다.
"왜 너까지 속을 썩이는 거니?"
매를 맞고 울음을 터뜨리면 어머니도 함께 눈물을 흘렸다. 나는 억울했다.
오줌싸개가 되지 않으려고 잠들기 전에 그 무서운 공동 화장실도 다녀왔는데, 왜 자꾸 그런지 알 수가 없었기 때문이다.

의문은 몇 달 뒤에야 풀렸다.
학교를 마치고 돌아오는 길. 어머니가 집 밖에서 기다리고 있었다. 인사를 하자 그녀는 나를 포옥 안아 줬다. 그리고 울었다.
"미안하다, 미안해. 우리가 가난해서 너를 오해하고 때리기만 했단다. 미안하다."
판잣집 다락방은 1층 부엌 바로 위에 있었다.
주인집에서 저녁과 아침에 밥을 지으면 그 수증기가 위로 모락모락 올라와서 천장을 뚫고 삼단 매트리스에 닿아 물기로 바뀌었다. 매트리스가 축축해진 원인은 오줌이 아니라 수증기였다. 판잣집이기에 가능한 일이었다.

어머니가 터뜨린 울음의 이유는 여기 있었다.

어린 나는 그때 결심했다.

"가난하니까 오해를 받는구나. 두 번 다시 가난하게 살진 않겠다."

사업에 실패하고 부산으로 쫓겨 온 아버지의 절망은 대단했다. 그는 고통을 잊으려 소주를 자주 입에 댔다. 결국 알코올중독 증세까지 생겼다. 아버지가 심하게 취한 날이면 어머니는 하나뿐인 아들의 손을 끌고 학교 운동장으로 나갔다.

농구대 밑에 앉아 휘영청 떠오른 둥근 달을 함께 바라봤다. 나는 물었다.

"엄마, 할머니는 잘 지내고 계실까? 우리 이제 서울로 돌아가면 안 될까?"

어머니는 말없이 내 머리를 천천히 쓰다듬었다. 그리고 나직한 목소리로 당신이 좋아했던 트로트를 흥얼거렸다. 어머님 품에서 그 노래를 듣는 게 좋아서, 나는 아버지가 우리를 종종 쫓아내 주면 좋겠다고 생각했다.

시간은 꿋꿋하게 흘렀다.

서울말을 쓰던 초등학교 1학년 아이는 경상도 사투리를 유창하게 사용하는 4학년 학생이 됐다. 우리 집 살림도 나아져서 다락방에서 탈출했다. 큰아버님 도움 덕분에 달동네 초등학교의 문방구를 운영한 지도 몇 년이 흘렀고 여전히 가난했지만, 비참할 정도는 아니었다.

바뀌지 않은 건 단 하나, 술에 의존하는 아버지의 모습이었다. 자의식을 가지기 시작한 소년은 그 부당함에 종종 항의하곤 했다. 그리고 한 명의 여성으로서 어머니를 바라보게 됐다.

아버지의 술주정으로 다시 집에서 쫓겨난 날이었다.

어머니와 아들은 여전히 농구대 아래에 자리 잡았다. 하늘에 둥근달이 떴다. 하지만 어머니의 노래는 더 이상 위안이 되지 못했다. 나는 큰 결심을 하고 어머니 앞에 책상다리를 하고 앉았다. 사실 몇 달 동안 고민한 말을 꺼낼 참이었다.

나는 힘겹게 입을 열었다.

"엄마, 아빠랑 이혼하는 게 어때? 내 걱정은 하지 말고… 이제 엄마는 서울로 돌아가서 이렇게 힘들게 살지 마."

어머니는 충격을 받은 듯 눈이 더욱 커졌다. 그리고 떨리는 목소리로 대답했다.

"그런 말은 함부로 하는 게 아니야. 너는 공부만 열심히 하면 돼."

나는 다시 말했다.

"아니야, 엄마. 나도 이제 알 건 아는 나이야. 그러니까 엄마, 나 때문에 참지 말고 이혼을 해도 좋아."

어머니는 소년을 한참 쳐다봤다.

그런데 문득 '어머니가 그러겠다고 하면 어쩌지?' 하는 두려움이 솟구쳤다. 어머니 없이 내가 살 수 있을까? 갑자기 심장이 고동치기 시작했다.

두근거렸던 그날의 기억은 내 친애하는 어머니를 형상화한 계기가 됐다. 어머니는 이혼하지 않았다.

시간이 많이 흐른 뒤 어머니는 고백했다.

"아버지의 행패를 참을 수 없어서 그때 이혼을 결심한 참이었지. 외할아버지, 외할머니도 이해할 정도였으니까. 하지만 외아들 입에서 이혼을 권하는 말이 나오니까 정말 끔찍하더라. 그 어린 것이 가난한 부모 덕분에 세상을 일찍 알게 됐으니. 너무 불쌍해서 차마 이혼할 수 없더라구."

어머니는 이후 하나뿐인 외동아들을 더욱 애지중지 길렀다. 옷을 사 입힐 때면 달동네를 벗어나 큰길가에 있는 커다란 양품점을 찾았다. 아이가 가난한 행색 때문에 학교에서 무시당할까 봐 두려웠던 탓이다.

가게 주인이 "똘똘한 아들을 두셨군요. 앞으로 크게 되겠어요." 하고 입에 발린 소리를 하면 어머니는 대답했다.

"아뇨. 그냥 평범한 회사원으로 키울 거예요."

그녀가 말하는 '평범'의 가치가 대단하다는 걸 어렴풋하게 알았기에, 나는 아무 대꾸도 하지 않고 고개를 주억거렸다.

어머니는 내게 꿈과 용기를 주는 사람이었다.

문방구 도매상이 모여있는 시장에 다녀오는 길은 힘겨웠다. 종종 시장에 따라갔는데, 단 1원이라도 싼 가게를 찾으려고 어머니와 아들은 발이 부르트게 뛰어야 했다. 양손 가득히 문방구 물건을 들고 집으로 돌아오는 길에 어머니는 물었다.

"오늘 숙제 다 했니?"

내가 고개를 끄덕이면 어머니는 아들의 손을 붙잡고 버스에서 내렸다. 두 편을 동시 상영하는 작은 극장으로 가기 위함이다. 나는 그곳에서 〈스타워즈〉와 〈킹콩〉을 처음 봤다. 〈고래사냥〉을 보며 깔깔거린 적도, 〈겨울 나그네〉에 눈물 흘린 적도 있었다. 〈월하의 공동묘지〉를 보고 며칠 동안 공동 화장실에 드나들지 못한 기억도 있다.

어머니에게 극장은 피난처와도 같은 곳이었다. 영사기에서 푸르른 빛이 쏟아져 나오면, 그녀는 가난한 생활의 어려움도, 아버지의 성난 폭음도, 아들의 미래에 대한 걱정도 모두 잊는 듯했다.

영화 한 편이 끝나면 우리는 서둘러 문방구로 향했다. 나는 작정하고 말했다.

"엄마, 나도 영화감독이 되고 싶어."

화들짝 놀란 그녀는 말렸다.

"그건 아닌 것 같아. 예술 하는 사람들은 배고프기 쉽거든. 그러니까 평범한 사람으로 자랐으면 좋겠어."

나는 고개를 끄덕이며 일단 수긍의 의미를 전했다. 하지만 전적으로 동의한 건 아니었기에 나직하게 웅얼거렸다.
"엄마가 극장에 있는 동안, 마냥 행복해하는 그런 영화를 찍을 거야. 나는 꼭 영화감독이 되고 말 거야."

어머니는 아낌없이 주는 사람이었다.
5학년 2학기부터 부산에선 초등학교 반장 선거가 직선제로 바뀌었다. 교육청의 지시 때문이었다. 그동안 반장은 가난한 내게 언감생심 꿈꿀 수 없는 자리였다.
감투는 아무나 원한다고 주어지는 게 아니다. 직선제 소식을 접하고 선거에 나갈 결심을 했을 때, 어머니는 걱정했다.
"도전하는 건 좋아. 하지만 좋은 결과를 기대하다 실망하는 일은 없어야 한다. 원하는 걸 모두 가질 순 없단다."
반장 선거의 열기는 대단했다.
다른 두 명의 후보 어머니들은 반 친구들을 집으로 불러 파티를 열었다. 선물 공세도 잦았다. 특히 학교 육성회장이자 신발 공장 사장님의 첫째 아들은 유력한 후보였다. 그는 초등학교 입학 당시부터 계속 반장을 해 왔다. 신발 공장 사모님 역시 처음 치르는 반장 선거에 명예를 걸었다.
선거 당일, 나는 단정하게 옷을 입었다. 세 명의 후보는 제각각 소신을 밝힐 기회를 얻었다. 내 차례가 됐다.
"반장이 된다고 다른 반보다 우리 학급을 뛰어나게 만들 자신은 없습니다. 하지만 서로 차별하지 않고 친하게 지내는 교실이 되도록 노력하겠습니다."

투표함은 라면박스를 잘라 만들었다. 담임 선생님이 등사실에서 가져온 투표용지를 60명이 넘는 학급 아이들에게 일일이 나눠 줬다.

"자기가 원하는 반장 이름에 동그라미를 크게 치면 되는 거야. 옆에 앉은 짝의 것을 베끼지 말고."

며칠을 마음 끓였건만, 투표하는 데 걸린 시간은 고작 10분 남짓이었다. 하긴, 돌이켜보면 인생에서 중요한 일마다 준비시간은 길고, 결과 확인은 짧았다.

개표가 시작됐다.

선생님이 투표용지를 꺼내서 크게 호명할 때마다, 칠판에 적힌 후보 명단 아래 체크 표시가 늘었다. 투표용지가 마지막 한 장 남았을 때, 나는 단 한 표 차이로 경쟁자를 앞서고 있었다. 선생님은 말했다.

"동률이면 다시 두 명을 놓고 투표하는 거다. 모두 찬성이지?"

두 표 차이의 승리. 나는 반장이 됐다.

문방구 집 아들이 신발 공장 사장님 댁 아들을 이겼다는 소문은 빠르게 퍼졌다. 학교를 마치자 의기양양한 모습으로 어머니에게 뛰어갔다.

"장하다, 장해. 그렇지만 반장이 됐다고 건방지게 행동하면 안 된다."

나중에 알았다.

어머니는 신발 공장 사장님 댁보다 더한 불법 선거운동을 했다. 그녀는 우리 반 친구들이 올 때마다 지우개를 공짜로 나눠 줬다. 친구들이 그 사실을 내게 전했을 때, 나는 미안함과 고마움과 부끄러움에 귀밑까지 빨개졌다.

6학년이 되고 전교 회장 선거가 열렸다.

이번에도 신발 공장 사장님 댁 첫째 아들이 강력한 경쟁자였다. 하지만 나는 선거에 나가지 못했다. 교감 선생님이 찾아와 만류한 탓이었다.

"신발 공장 사장님께서 몇 년 동안 학교 육성회장을 맡고 계신 건 잘 아시죠? 부탁드립니다."

어머니는 내게 미안하다며 울었다. 나는 원망하지 않았다. 다가오는 선거에서 그녀는 지우개보다 더 값나가는 문방구 재산을 전교생에게 나눠 줄 게 분명했다. 가난한 살림살이가 나로 인해 더 가난해지는 걸 원치 않았다.

나는 유난히 욕심 많은 아이였다.

그 때문이었을까? 어머니는 내가 그렇게도 좋아하는 달걀부침을 해 주면서 넌지시 이야기하곤 했다.

"예전에 어느 가난한 엄마가 외아들에게 고기를 주면서 '나는 고기를 싫어한다'고 했었단다. 그런데 어리석은 아들은 엄마가 정말 고기를 못 먹는 줄 알았다는 거야. 그래서 자란 뒤에도 엄마에게 김치만 줬다더라."

그 말을 들으며 나는 이런 생각을 했다.

'엄마는 정말 바보구나. 나는 엄마가 원하는 건 뭐든지 해 주고 싶은데, 왜 모를까? 나 때문에 이혼도 안 한 사실을 내가 어떻게 잊겠어?'

이제 어머니는 더 이상 부산에 살지 않는다.

문방구를 운영하지도 않는다. 어머니를 괴롭혔던 아버지도 이 세상 사람이 아니다.

그녀가 장사가 되지 않는 달동네의 문방구를 처분하겠다고 했을 때, 나는 원인 모를 섭섭함에 시달렸었다. 달동네의 밤을 장식했던 소란스러움이 그리웠다. 유난히 험했던 동네 친구들과 놀러 다니던 추억도 떠올랐다.

남들은 달동네 아이들이라고 놀렸지만, 우리는 알싸한 아카시아 향에 취해 산길을 뛰어다니며 즐거워했었다. 세상엔 그 자리에 걸맞은 즐거움이 있는 법이다.

커다란 보름달을 쳐다보면서 어머니가 불러 줬던 노래도 귓가를 스쳤다. 여전히 농구대는 운동장 한 귀퉁이를 지키고 있을 것이다.

어머니는 아들, 며느리, 손녀가 영국으로 떠난 뒤 홀로 지낸다. 그녀는 하나뿐인 손녀를 그리워한다. 가끔 이해하기 어렵다는 눈빛을 보내면 이렇게 대답한다.

"예전에 네 외할머니를 비웃었는데, 이젠 내가 벌을 받나 보다."

어머니와 나는 함께 늙어가고 있다.

우리가 서로를 걱정하며 공감하려는 노력은 굳이 표현하지 않아도 당연한 일이다. 그런 게 부모와 자식 간의 예의이기 때문이다.

어느 햇살이 따스한 날, 어머니에게 이혼을 권했던 농구대가 떠올랐다. 나는 물었다.

"부산으로 돌아가고 싶지 않으세요?"

어머니는 말했다.

"아니, 마음을 붙이면 고향인걸. 근데 너는 아직도 방황하는 것 같아서 걱정이구나."

어머니가 원하는 일이라면 뭐든지 할 것 같은 시절이 있었다. 그녀는 지금 내게 평범한 가장답게 이 일, 저 일 하며 돌아다니지 말고, 안정적으로 살라는 부탁을 하고 있다. 부모로서 당연한 요구다.

하늘의 별을 따 달라는 것도 아닌데도 나는 시원한 대답을 하지 못했다. 어머니는 말을 이었다.

"착하고 똑똑한 아이였는데, 왜 이렇게 떠돌이처럼 사는 거니?"

고슴도치도 제 새끼는 예쁜 법이다. 나는 짐짓 웃음을 보였지만 선뜻 대답하지 못했다.

문득 가슴 속에 또렷한 기억이 되새김질됐다.

어머니에게 이혼을 권유했던 소년의 쿵쾅거리던 심장을, 그리고 너를 지키겠노라 약속했을 당시의 안도감을. 어쩌면 한 자리에 정착하지 못하고 떠돌아다니는 성정은 그때부터 시작됐을지도 모른다.

내 사랑하는 이가 든든히 내 곁을 지키고 있으니, 나는 마음껏 돌아다녀도 돌아올 곳이 있노라 생각했던 모양이다.

팔십을 바라보는 어머니에게 오십이 넘은 아들은 고백해야겠다.

원하시는 대로 안정적으로 살지 못하고 방랑자처럼 살아서 미안하다고.

그리고… 오래전 그 어느 날, 아들을 버리지 않고 제 자리에 남아 주셔서 정말 감사하다고.

인복 많은 초보 감독

'딱!' 둔탁한 소리가 울렸다.

1995년의 경기도 운정역.

〈영웅이야기〉라는 33분 분량의 단편영화를 촬영하는 중이다. 내가 대본을 쓰고, 내가 제작비를 구했으며, 내가 스태프를 꾸리고, 내가 연출을 하는 첫 작품이다.

해방 직후, 좌우가 극렬하게 대립했던 시절을 담고 싶었다. 자신의 신념을 위해 목숨을 던진 어느 청년의 서글픈 초상화를 그리는 게 목표다. 그가 죽음을 맞이하는 순간, 머리를 스치고 지나가는 이들은 동지가 아닌 가족일 테다. 당연히 주인공의 죽음을 감동적으로 묘사해야 한다.

연극영화과 재학생인 배우는 몇 번의 NG를 냈다. 아무리 캐릭터를 설명해도 연기는 나아지지 않았다. 고민 끝에 꾀를 부렸다. 주연배우의 뒤통수를 내려치는 상대 배우의 각목에 실금을 얇게 냈다. 쉽게 부러지지 않을 것이다. 진짜 고통을 느끼면 연기가 실감 나지 않을까? 기차가 지나가는 시간에 맞춰 촬영을 재개했다. 카메라 감독과 눈빛을 여러 번 나눴다.

'큐!' 사인이 났다. 화물기차가 달려오고 있었다. 서둘러야 하기에 마음이 급했다. 어설프게 절단선을 낸 각목이 학생 배우를 강타했다. 둔탁한 파열음이 예상보다 크게 들렸다. 뒤통수를 움켜쥔 주인공은 땅바닥에 쓰러지더니 일어나지 못했다.

열네 명의 스태프와 연기자들은 동시에 초보 감독을 쳐다봤다. 나는 그들의 당혹스러운 눈빛의 의미를 알았다. 허락도 없이 몰래 들어온 기차역. 조만간 역무원이 달려올 것이다. 우리는 결정해야만 했다. 촬영을 접고 쓰러진 주인공부터 치료할 것인가? 넘어진 배우를 억지로 일으켜서 연결 컷을 찍을 것인가? 일단 도망친 뒤 다음 시퀀스(sequence)를 준비할 것인가?

눈앞이 노랗게 변했다. 나는 고개를 45도로 틀고 하늘을 봤다. 스태프들도 나를 따라 고개를 삐딱하게 꺾었다. 등에서 식은땀이 흘렀다. 진심으로 어떻게 해야 할지 모르겠다. 문득 단편영화를 시작하면서 여러 사람들한테 외쳤던 호언장담이 떠올랐다.

"저는 세계적인 영화감독이 될 겁니다."

대학에 입학하고 얼마 지나지 않아 입대를 했다. 학업을 멀리하고 영화감독 놀이에 빠진 외아들을 못마땅하게 여긴 아버지의 결단 덕분이다. 입대 사흘 전에 영장을 처음 보았다. 배신감에 치를 떨 시간도 없었다. 곧바로 비무장지대(DMZ)로 이동했다. 그렇게 군인이 됐다.

비무장지대는 무장하지 않은 곳이라는 의미다. 동시에 가장 무장이 심한 곳이라는 뜻이기도 하다. 세계 유일의 분단 지역인 한반도에만 존재하는 역설이다.

나는 동기들보다 유난히 적응이 느린 군인이었다. 드럼통을 잘라 만든 휴지통을 둘러싸고 부동자세로 담배를 피우는 게 이등병 시절의 즐거움인데, 동기들은 고문관 취임을 앞둔 친구의 어깨를 조심스럽게 토닥이곤 했다.

뜨거운 햇살 아래 총을 분해하고 조립한 뒤 영점을 잡는 사격 훈련에서는 매번 낙제였다. 선임병은 소총을 해체해 놓고 조립하지 못하는 후임병을 무섭게 노려봤다. 그러다 참지 못하고 아예 책상다리를 하고 내 앞에 앉았다. 나는 그의 눈이 무서워서 두 손을 덜덜 떨었다. 마침내 선임은 실수를 거듭하는 이등병의 머리를 개머리판으로 내리쳤다.

"아프냐? 나는 기가 차다. 지금은 철모를 때리니까 머리가 띵하겠지만, 전쟁 나면 너랑 나랑 제일 먼저 죽을 거다."

일주일 동안 계속되는 행군에서도 꼴찌였다. 어둠으로 앞을 분간하기 힘든 새벽, 홀로 낙오한 후임병을 찾아낸 선임은 다짜고짜 날아 차기를 했다. 저렇게 뚱뚱한 몸을 가지고도 하늘을 날 수 있다니. 저팔계 못지않은 생명체가 존재한다는 사실에 놀라웠다. 선임의 공격에 무거운 군장을 등에 지고 구릉에서 떨어지기도 했는데, 그럴 적마다 아둔한 자신을 탓하며 눈물을 흘렸다.

유일하게 즐거운 시간은 행정보급관의 강아지한테 우유를 주는 저녁이다. 일반 사병에겐 하루 한 통의 우유가 지급됐다. 선임은 개에게도 별도의 우유를 마련했다. 보급관이 기뻐할 일이다. 저녁을 먹고 개집으로 가면 아무도 없었다. 배고픔에 낑낑대는 동물한테 우유를 반쯤 따라 주고, 나머지는 내가 마셨다. 개밥을 나눠 먹으면서 행복했다. 다시 내무반으로 들어가면 매질이 시작될 것이었다. 어스름이 깔리면 울음이 목젖을 때렸다.

"이 야만적인 곳에서 살아남을 수 있을까?"

내가 맞닥뜨린 군대는 지옥과 같았다.

군대의 불문율이 있다. '그래도 국방부 시계는 돌아간다.' 28개월이 후딱 지나갔다. 제대를 앞두고 장기복무 추천을 받기도 했다. 그 이유는 무엇일까? 유난스러운 선임병 때문에 중대의 모든 구성원, 심지어 행정보급관까지 내게 친절했다. 부적응의 아픔을 알았기에, 후임들한테 친구 같은 선임이 되려고 노력했다. 그렇게 다시 민간인으로 돌아왔다.

외교관이 되겠다는 결심을 굳히고 복학 후, 외무고시 준비반에 들어갔다. 하지만 이번에도 영화가 문제였다. 어느 지상파 방송국의 공채작가 공고를 우연히 보았다. 대졸 학력을 없애고 누구나 지원할 수 있다는 내용인데 자유를 구속받던 군대에서 해방된 지 얼마 지나지 않은 시점이다. 무작정 용기를 낸 나는 몰래 방송국 시험을 치렀다. 공채작가 시험에 합격한 날, 기쁨의 함성과 축하의 악수와 함께 고시반에서 쫓겨났다.

 방송국에서는 예능작가 훈련을 받았다. 각종 버라이어티 공개방송에 참여하고 시트콤의 아이디어를 냈다. 방송작가는 기본적으로 프리랜서다. 그런 까닭에 공채라고 해도 몇 년 동안의 훈련 이외에는 아무것도 보장받지 못했다. 동기들은 치열하게 경쟁했다. 지금은 이름만 대면 알만한 드라마 작가, 시트콤 작가, 방송인이 된 그들은 반짝거리는 재능의 소유자들이었다.

 다른 이들의 놀라운 재능에 질린 나는 엉뚱한 결정을 내렸다.
"방송 제작을 돕는 조연 대신 내 영화를 찍는 주연이 되겠다."

 제작본부 국장님을 만나서 사의를 밝혔다. 이유를 묻는 그에게 나는 말했다.
"세계적인 영화감독이 되고 싶어서입니다."
 국장님은 아무 대답 없이 사표를 수리했다. 이 친구의 예능감을 지상파에 담기엔 무리라고 판단했거나, 이미 제정신이 아니라고 결정을 내렸을 테다. 나는 그의 어처구니없는 표정과 유달리 긴 한숨을 기억할 뿐이다.

　방송국에서 짧은 경험을 마치고 시나리오를 썼다. 연기자와 스태프들을 직접 모으러 다녔다. 서울 시내 연극영화과 친구들을 설득하기로 했다. 어떤 작품을 찍느냐는 질문에 이렇게 설명했다.

　"아주 유명한 영화감독이 될 사람입니다, 내가."

　비논리적인 대답에도 순순히 참여해 준 고마운 예비 배우들은 여럿이다.

　학교 방송국 네트워크를 통해, 촬영에 뛰어나다는 이웃 학교 후배를 찾았다. 카메라 감독의 추천으로 조명 스태프를 꼬드겼고, 분장학원에 전화해서 분장 스태프도 구했다. 단편영화를 찍는 이들한테 널리 알려진 젊은 작곡가도 만났다. IT를 전공한 고등학교 동창은 인터넷이라는 새로운 공간을 설명했다. 만약 여기에 작품을 업로드하면 세계 최초라고 했는데, 나는 눈을 반짝거리며 호응했다.

　대본 작업을 마치고 몇 차례 연기 리허설까지 끝냈다. 남은 문제는 한 가지, 단편영화 촬영일이 다가오는데 제작비가 없었다. 감독은 연기자와 스태프들한테 고민을 나눌 수 없는 위치다. 나는 속으로만 끙끙 앓았다.

　시중 은행의 마음씨 좋은 지점장을 알게 된 건 그쯤이었다. 대학 후배의 도움을 받아서 지점장을 만났다. 지방은행의 서울 강남지점이다. 나는 300만 원이 필요하다고 했다. 무슨 배짱으로 돈을 빌려 영화를 찍느냐고 그가 물었을 때 나는 또 이렇게 말했다.

"아주 유명한 영화감독이 될 겁니다. 그러니까 좋은 투자 제안을 받으신 거예요."

그는 직접 보증을 서더니 적금식으로 돈을 갚도록 배려했다. 진심으로 훌륭한 영화를 만들 것이라고 자신했기에, 지점장의 호의에 충분히 감사할 줄 몰랐다. 하지만 돌아보니 기적이었다.

돈이란 모으기가 힘들지 쓰기는 쉽다. 예나 지금이나 마찬가지다. 300만 원으로 카메라를 빌렸다. 동국대학교 인근 영화장비 대여점을 찾았다. 용달차에 조명 및 촬영장비를 실으면서 가슴이 웅장해졌다.

하지만 영화는 열정만으로 완성되지 않았다. 현장에 나와서야 시나리오의 허술함을 깨달았다. 시각언어는 활자언어와 달랐다. 더욱 치밀하게 시각과 청각을 자극하도록 구성해야 했다. 당연한 사실을 돈을 쓰면서 알게 된 셈이다.

허세는 화려했으나 영락없이 어리숙한 초보 감독. 다음 컷이 무엇이냐고 카메라 감독이 물으면 하늘을 바라봤다. 스태프들은 웅성거렸다.

"시퀀스를 바꿀 모양이야."

사실은 다음 컷을 어떻게 찍어야 할지 몰라서 시간을 벌려고 꾸민 행동이었다.

며칠을 미루다가 용기를 냈다. 나는 카메라 감독, 조명 감독, 분장 스태프를 불렀다. 그리고 얼굴을 붉게 상기한 채 고백했다.

"어떻게 찍어야 할지 모르겠어. 남은 제작비로는 며칠 버티기도 힘들어."

나는 그들이 군대 시절의 선임처럼, 날아차기라도 할 것만 같아서 두려웠다. 하지만 이렇게라도 도움을 청하지 않으면, 영화를 마무리하지 못할 것 같았다.

잠시 침묵이 흘렀다. 먼저 입을 뗀 이는 분장 담당 스태프였다. 그는 우리들 가운데 가장 연장자였다.

"모든 컷마다 서로 의논하면서 촬영해 보자. 퇴근 시간은 중요하지 않으니까 밤낮을 가리지 말고 찍자."

그의 제안에 카메라 감독이 고개를 끄덕였다. 조명 감독은 한술 더 떴다.

"연기자들한테도 알리는 게 낫지 않을까?"

한 시간 뒤, 나는 주연배우와 조연배우들을 만났다. 호기를 부리는 대신, 솔직하게 말했다. 그들은 이렇게 대답했다.

"우리 영화니까 괜찮아요. 같이 상의하면서 만들면 되죠."

나는 눈물이 왈칵 났는데, 차마 그 모습까지 보일 순 없었다.

입술을 아프도록 깨문 이유다. 다른 이의 도움 없이는 촬영조차 못 하는 감독, 그게 현실이었다. 하지만 사실을 마주하고 부끄러움을 넘어서니 도움의 손길을 맞을 수 있었다.

〈영웅이야기〉는 그렇게 만들어졌다. 학교 강당을 빌려서 시사회를 열던 날, 모든 스태프들과 연기자들은 부둥켜안고 울었다. 그러나 관객으로 초청된 친구들은 어리둥절한 표정으로 혀를 찼다.

"저런 수준의 단편영화를 만든 주제에 자기들끼리 감동하다니…."

그들은 알지 못했다. 작품성을 따지기에 앞서, 영글지 못한 청춘들이 힘을 합쳐 완성한 '우리' 영화이기에 행복했다.

하지만 단편영화를 주목하는 이는 없었다. 오직 열네 명의 치기 어린 젊은이들만이 서로를 보듬을 뿐이었다. 나는 리더로서 책임을 느꼈다. 다시 한번 호기를 부리기로 작정했다.

학교 부설 인터넷연구소를 찾아갔다. 가톨릭 신부님이기도 한 책임교수님은 내게 물었다.

"영상 데이터를 온라인 서버에 올리면 부하가 커지거든. 그런데 왜 우리가 네 영화를 도와줘야 하니? 실질적인 효과도 없을 거야. 3분씩 나눠서 업로드를 해도 유럽에서 다운로드하려면 반나절은 걸릴걸."

나는 주춤거리지 않았다. 순간의 판단이 상대를 움직일 수 있음을 이미 배웠기 때문이다.

"저는 세계적인 영화감독이 될 겁니다. 그러면 인터뷰를 자주 하겠죠? 그럴 적마다 오늘을 언급할 겁니다. 학교 명예가 높아질 텐데, 도와주실 만하지 않나요?"

교수님은 단편영화를 학교 서버에 3분씩 끊어서 업로드했다. 그것이 학교 미래를 위한 투자였는지, 신부님 특유의 자비 때문이었는지 아직도 알지 못한다.

온라인으로 배급한 뒤에도 영화는 관심을 받지 못했다. 나는 스태프들과 연기자들한테 죄책감을 느꼈다. 세계 최초의 인터넷 영화라고 쳐도, 누군가 알아야 영화를 볼 것 아닌가?

온라인이 널리 퍼진 미래를 상상했다. 나는 무릎을 쳤다. 독립영화의 배급 문제를 인터넷으로 해결할 수 있지 않을까? 도서관에 며칠 동안 궁싯거리고 앉아서 고민했다. 그렇게 보도자료를 만들었다. 학교 앞 문구점에서 국내 열 개 일간지와 두 개 경제지에 팩스를 보냈다. 문구점 사장님은 고개를 갸웃거렸다. 과연 옳은 일을 하고 있는지 모르겠다는 의미인데, 사실 나도 같은 마음이었다.

'세계 최초의 인터넷 영화.'

보도자료의 효과는 대단했다. 몇 개 신문사에서 기사를 싣더니, 잡지사 인터뷰까지 쇄도했다. 나이 지긋한 어느 경제지 기자는 작품을 보고 나서 웃음을 터뜨렸다. 그는 팔짱을 끼고 물었다.

"너 참 특이한 애로구나. 어디서 나온 자신감이냐?"

나는 지지 않고 대답했다.

"지금 작품으로 저를 판단하지 마세요. 분명히 세계적인 영화감독이 될 테니까요."

하지만 나는 알고 있었다. 촬영 전의 허세와 촬영 후의 자신감은 분명히 달랐다. 스태프들의 도움 없이는 단 한 컷도 찍어내지 못하는 감독이다. 그러나 〈영웅이야기〉는 '내' 영화가 아닌 '우리' 영화가 된 지 오래다.

나의 고백 이후, 스태프들과 연기자들은 단편영화를 위해 그 누구도 주연으로 나서려고 하지 않았다. 대신 앞다퉈 조연을 자처했다. 이들의 청춘을 담보 잡았으니, 나는 뻔뻔해야 했다. 그렇지 않으면 우리들의 시간과 꿈이 안타깝게 무너져 내릴 테니까.

많은 시간이 흘렀다. 잠시 주목받았던 단편영화는 모두의 뇌리에서 사라졌다. 당연한 일이다. 작품성을 인정받지 못한 영화는 생명력을 가질 수 없으니까. 뭐든지 기본에 충실해야 한다.

15년 가까이 지난 다음, 어느 시사잡지에서 〈영웅이야기〉를 한국 최초의 인터넷 영화라고 소개했다. 나는 감읍했다. 특히 열네 명의 젊은이가 힘을 모아 '같이' 영화를 만들었다는 표현에서는 울컥했다. 다만 '세계 최초'라고 하지 않고 '한국 최초'라고 하는 부분이 마음에 걸렸는데, 항의하지 못했다. 벼룩도 낯짝이 있는 법이다.

데뷔작품을 마치고 초보 감독은 훌륭해졌을까? 고백하자면 한치도 나아가지 못했다. 호된 신고식을 치르고도 영화에 대한 짝사랑을 버리지 못했다.

대학을 졸업하기 직전에 마지막 도전을 했다. 미국 뉴욕의 영화학교에 1년간 연수 기회를 주는 국제영화제. 제작비는 하숙집 아저씨가 몰래 전해줬다. ⟨Sword⟩라는 작품을 찍고 싶어서 앓아누운 적이 있었다. 돈도 없고 스태프도 없는 초보 감독. 아저씨는 방문을 열고 오십만 원이 든 봉투를 놓고 사라졌다. 나는 결의를 다졌다.

"재능은 없어도 경험이 있으니 반드시 성공하리라."

하지만 결과는 본선 탈락, 영화의 바다에서 거부당한 나는 참담했다.

언론고시에 도전하기로 했다. 영화 대신 드라마 PD가 되고 싶었다. 공개채용 시험에서 여러 번 떨어졌다. 세상이 자꾸만 등을 떠밀며 거부하고 있다는 생각에 미쳤다.

선배의 말이 떠올랐다.

"꿈은 꾸는 것이고, 현실은 살아내는 거야."

그의 조언을 따라 은행의 입사 시험을 치렀다. 마침, 외환위기였다. 하지만 일주일 만에 사표를 내고 나왔다. 도저히 꿈을 포기할 수 없었던 탓이다. 나는 〈영웅이야기〉의 스태프들에게 전화를 걸었다. 오랜만에 다시 모여서 술에 취하도록 마셨다. 그들은 예외 없이 재능 없는 감독을 다독였다.

"드라마 따위 하지 않으면 어때? 우리끼리 단편영화를 또 찍으면 되지."

그들의 응원이 고마워서 나는 많이 울었다.

이후 신문기자가 됐다. 탐사보도 책임자가 되면서 다큐멘터리 감독으로 데뷔했다. 신문사 경영진은 대학 시절에 단편영화를 만든 나의 과거를 유심히 보았다. 나는 신기함과 감사함으로 고개를 주억거렸다. 그들이 내게 무엇이 필요하냐고 물었을 때, 이렇게 답했다.

"좋은 스태프들을 구해야 합니다. 경력이 화려하거나 유명세가 높은 분들 말고, 열린 마음으로 같이 작품을 만들 사람들이 필요합니다."

방송과 영화 작업을 거치면서 예상하지 못한 호사를 누렸다. 몬테카를로(Monte Carlo)에서 두 개의 상을 받았다. 에미상(Emmy Award)에 세 차례 노미네이트됐다. 세계 최고 권위의 다큐멘터리 영화제인 암스테르담 국제다큐멘터리영화제(IDFA)의 경쟁 부문에 초청된 네 번째 한국인이다.

하지만 나는 어린 시절에 자주 내뱉었던 말을 두 번 다시 하지 않는다. 이유는 명쾌하다. 나는 주연으로서 작품을 만들 능력이 없다. 언제나 조연으로서 다른 이들한테 도움을 청해 작품을 조탁해 왔다. 내가 아는 한, 세계적인 감독은 그렇게 일하지 않는다.

같이 일했던 다큐멘터리 카메라 감독님이 물은 적 있다.

"경력도 화려한 분이 왜 자꾸 스태프들 의견을 물어보세요?"

나는 겸연쩍게 웃었다.

"정말 잘 모르니까요. 게다가 과거 경력은 아무 소용없더라고요. 저는 인복만 많은 초보 감독인걸요."

나이를 먹고 가장 무서운 사람들의 공통점은 자신감에 충만한 이들이 아니다. 오히려 해맑은 얼굴과 부끄러운 미소를 짓고 약점을 고백하는 자들이다.

"저는 잘 몰라요. 그래서 배우는 자세로 일하려구요."

이 자리를 빌려 감사를 전하고 싶다. 호기로움에 사로잡힌 초보 감독을 구해준 열네 명의 스태프들과 연기자들의 도움이 없었으면 짧은 단편영화는 물론, 이후 내가 참여한 작품들 가운데 단 하나도 완성하지 못했을 것이다.

주연의 자리를 내려놓고 조연의 길을 걷게 해준 사람들, 한심한 초보 감독을 위해 손을 내민 그들에게 깊은 감사를 전한다.

특종의 맛

특종은 어떤 맛일까?

달콤 쌉싸름하다. 아니, 그걸로는 부족하다. 피 맛이 난다. 그렇다. 이게 좋겠다.

나에게 있어 특종이란 두 개의 얼굴을 가지고 있다. 기자로서 존재가치를 확인시켜 주는 특종은 말할 수 없는 희열의 맛이다. 하지만 특종이란 누군가에겐 숨기고 싶은 비밀을 의미하는 경우가 많다. 상대의 존재가치를 억누르고 나와 언론의 존재가치를 드높이니 서로 양보할 재간이 없다. 그래서 특종을 생각하면 피 맛이 난다.

신문사 공개채용에 합격한 날. 나는 학교 운동장을 펄쩍거리며 뛰어다녔다. 영화감독이나 드라마 PD가 되지 못했지만 상관없었다. 한사코 나를 거부했던 세상이 드디어 문을 열었다는 사실에 감사했을 뿐이다.

언론사 시험을 준비하는 동안, 다른 학교 친구들과 소모임을 만들어 공부했다. 모교에서 논술 예비시험을 치르고 상호 평가를 하던 중에 합격자 발표가 났다. 둥근 달이 뜬 저녁이었다. 바람은 살랑이며 불었다. 친구들은 환호성을 지르면서 책을 덮었다. 그들은 나와 함께 두 팔을 한껏 벌린 채 운동장을 내달렸다. 종아리에 잔뜩 힘을 모았다가 하늘을 향해 솟구치듯이 뛰었는데, 그때마다 반짝이는 별빛이 머리에 닿을 것만 같았다.

소모임은 세 명으로 이뤄졌다. 나의 합격을 전후로 친구들은 전부 언론사에 입사했다. 마침, 외환위기였다. 학교를 졸업하면 누구나 취업한다는 공식이 깨진 시절, 대한민국의 고속 성장도 멈췄다. 실직한 가장이 거리에 넘쳤고 노숙자라는 단어가 익숙해졌다. 학교 밖으로 나서기가 두려웠다. 이런 시절에 세상이라는 바다로 나아갈 수 있게 되다니, 우리는 하얀 천을 펄럭이는 돛단배의 선장이 된 느낌이었다.

외무고시 준비반은 운동장에서 멀지 않았다. 고시반 선배는 한밤중에 운동장을 달리는 내 모습을 보고 한숨을 쉬었다.

"외환위기가 여러 사람 잡는구나. 저 아이가 정말 맛이 갔네."

그렇게 신문기자가 됐다.

언론사 선배들은 말했다.

"수습기자 훈련을 견디면 절반은 성공한 거야."

그들은 수습기자에서 '닦을 수(修)'를 '짐승 수(獸)'라고 설명했다. 어느 신문사는 신입사원을 견습기자라고 불렀는데, 선배들은 '개 견(犬)'에서 따온 절묘한 조합이라고 칭찬했다.

군대만 넘기면 세상이 좀 편해질 줄 알았는데, 현실은 달랐다. 책으로 배운 인생은 실전에서 아무런 힘도 쓰지 못했고, 하나의 허들을 넘으면 언제나 더 큰 장벽이 기다리고 있었다. 그게 바로 인생의 묘미라는 걸 당시에는 알지 못했다. 나는 이를 악물고 극복해야 할 또 하나의 세상을 만났다.

단편영화 감독의 세계가 감성으로 가득했다면, 신문기자의 세상은 이성으로 똘똘 뭉쳐있었다. 익숙하지 못한 별에 진입한 외계인 신세. 이력서를 들춰보던 선배는 무심하게 물었다.

"너, 빽 있냐?"

"아뇨, 눈 씻고 찾아봐도 없습니다."

"영화 만들던 놈이 여길 왜 들어온 거야?"

나는 해맑게 대답했다.

"문화부 기자가 되려구요. 월급을 모아서 영화 공부를 하겠습니다."

"그런 마인드로 버틸 수 있는 곳이 아닐 텐데…."

선배는 한심하다는 표정을 숨기지 않았고, 나는 다시 세상 밖으로 쫓겨날까 봐 두려워서 얼굴을 벌겋게 붉힌 채 변명을 찾느라 급급했다.

수습기자의 시작은 문화부가 아닌 사회부였다. 서울 시내 경찰서를 각자 나눠서 방문한 첫날, 입사 동기들은 낮술을 진탕 마셨다. 맨정신으로 경찰서에 들어갈 자신이 없어서였다. 경찰관을 형님이라 부르라는 미션까지 받았으니.

여의도를 출발한 택시가 동대문경찰서(현 혜화경찰서) 정문에 멈췄다. 나는 몇 번을 망설이다가 인근 식료품점을 찾았다. 소주를 사서 한 모금 마시니 사그라들던 용기가 솟구쳤다. 경찰서 문을 박차고 들어갔다. 혈연관계가 전혀 없는 우리 형님들이 나를 빤히 쳐다보는데 오금이 저렸다. 하지만 후퇴하면 안 된다고 직감한 나는 술기운을 빌려서 뻔뻔하게 허리를 굽혔다.

"안녕하세요, 형님들! 신문사에서 나왔습니다."

형님들은 눈치챘을 테다. '저 친구, 초짜다. 아니면 신문 보급소에서 나왔거나.'

강력반까지 들렀다가 갓 발생한 강도 사건을 만났다. 나는 흥분했다. 따끈따끈한 사건을 여러 차례 되물은 끝에 개요 파악을 마쳤다. 하지만 그때는 몰랐다. 육하원칙에 따른 질문이 얼마나 힘든 것인지, 정확한 대답을 얻으려면 얼마나 질문에 공을 들여야 하는지.

알고 보니 보도자료까지 나간 사건이었다. 몇 시간을 묻고 되물어서 세 문장으로 이뤄진 짧은 기사를 썼다. 담당 선배한테 검사를 받기 위해 회사로 달려왔다. 선배는 빨간 펜을 들더니 원고지에 잘못된 문장을 체크하기 시작했다. 원고지 두 장이 붉게 물들었다. 그는 담담하게 읊조렸다.

"주어 빼고는 쓸 단어가 하나도 없구나."
하마터면 편집국에서 울음을 터뜨릴 뻔했다.

입사 동기는 열 명이었다. 경찰 자료를 뒤져 사건을 정리하는 일, 사고 현장을 찾아 팩트를 파악하는 일, 장례식장에서 유가족을 인터뷰하는 일. 어떠한 업무에서도 나는 꼴찌였다. 선배들은 폭탄주를 권하면서 조언했다.

"고깝게 듣지 마라. 기자는 다소 재능이 필요한 직업 같더라. 너는 지나치게 감성적이야. 차라리 영화나 드라마 연출을 하는 게 어때?"

그들은 내가 진입하고 싶었으나 번번이 거절됐던 세계로 다시 돌아가라고 충고했다. 문득 서러웠다. 겨우 문을 열고 들어간 사회에서 적응은커녕 방출이라니.

실망한 나는 무단결근을 했다. 이른 아침부터 술을 잔뜩 마신 후 사표를 내겠다는 각오를 하고 편집국에서 가장 독하다는 선배를 찾았다. 시뻘겋게 달아오른 후배를 만난 선배는 당황한 표정이었다.

"저는 가난하고 무능합니다. 덕분에 좋아하는 일을 찾아서 사회로 나오는 일이 쉽지 않았습니다. 영화감독이 되고 싶었지만, 자신이 없었거든요. 차선책인 드라마 PD는 입문도 못 했습니다. 그런데 여기서도 나가라고 하시면… 선배, 저는 어떻게 살아야 할까요?"

말을 마치는데 코피가 주르륵 흘렀다. 하루에 두 시간씩 자면서 몇 달을 버틴 뒤였다. 서 있기도 버거울 만큼 힘들고 서러웠다. 선배는 짧게 대답했다.

"버텨라. 성실하면 중간은 간다."

열등하다는 걸 인정하고 나니, 성실함 밖엔 살아남을 무기가 없다는 사실을 깨달았다. 그러자 내 옷 같지 않았던 신문기자 일이 조금씩 익숙해졌다.

나는 믿는다. 곳간에서 인심 난다.

거듭 강조하건대 외환위기였다. 무슨 짓이든 가능했다. 힘들게 입사했건만, 열 명의 수습기자 가운데 셋을 버리겠다는 공식 발표를 마주했다. 선배들은 어린 후배들을 지키기 위해 안간힘이었다. 하지만 회사 경영진을 이길 순 없었다. 그게 자본주의다.

살아남으려면 특종이 필요했다. 1999년의 어느 날, 서울 성동경찰서. 이른 새벽에 철문을 열었다. 형사계 책상 위에 널브러진 조서를 발견했다. 1994년 성수대교 붕괴 당시 숨을 거둔 딸을 잊지 못해서 목숨을 버린 아버지의 사연이다. 감정 없는 언어가 조서를 가득 채웠다. 잠이 일순간 달아났다. 머릿속에 불꽃이 튀는 듯했다. 그래, 이게 바로 특종의 맛이구나. 조서를 수첩에 베껴 쓰는데 손이 덜덜 떨렸다. 누군가 서류를 낚아챘다. 아는 형님이었다.

"이 기자, 우리 서로 예의는 지켜야지?"

갑작스러운 형님의 등장에 멈칫했지만 아쉬울 건 없었다. 이미 모든 내용을 수첩으로 옮긴 후였으니까. 나는 형님한테 물었다.

"다른 언론사에도 공개하지 않을 거죠?"

그는 눈을 부라리면서 말했다.

"왜? 어디까지 베낀 거야?"

"아무것도 못 적었으니까 이러죠. 다른 데서 기사 나가면… 저… 죽어요. 아시죠? 우리 회사, 사람 자른다는 거?"

그는 입을 굳게 다물고 고개를 끄덕였다. 암묵적인 합의가 이뤄졌다.

경찰서 밖으로 나온 뒤 선배에게 전화를 걸었다. 기사를 쓸 팩트는 다 모았다. 마지막 매듭이 필요했다. 먼저 세상을 떠난 딸과 그 뒤를 따른 아버지의 사진. 선배는 말했다.

"하늘이 무너지는 소식을 접한 가족을 상상해 봐. 문단속을 제대로 할 수 있겠어?"

나는 곧장 택시를 타고 달렸다. 집 주소를 외운 지 오래다.

선배의 예감은 적중했다. 주택의 화장실 창문이 빼꼼히 열려 있었다. 나는 주변을 돌아봤다. 아드레날린이 머리끝까지 차올랐다. 담을 넘어서 화장실 창문으로 돌진했다. 창틀에 살점이 찢겨나갔지만 아프지 않았다. 사진만 구하면 특종이다. 이를 악물고 몸을 비틀었다. 창틀을 빠져나오니 양팔에서 피가 흘렀다. 그러나 환희를 즐길 시간도, 상처에 지체할 시간도 없었다.

아뿔싸!

안방 문을 여는 순간. 탄성이 터져 나왔다. 다른 신문사의 수습기자가 앨범을 펼쳐두고 사진을 고르고 있었다. 나보다 먼저 도착한 경쟁자는 다름 아닌 소모임을 같이 했던 친구였다. 이게 무슨 운명의 장난일까. 하지만 친구 역시 나와 같은 상황에 시달리고 있었다. 다시 말하지만 외환위기였다.

서로를 안타까워할 시간조차 없었다. 우리는 사이 좋게 앨범을 뒤졌다. 소속이 다른 두 명의 도둑이 보석함을 찾기 위해 힘을 모으는 꼴이었다. 삼십여 분이 흘렀다. 양반다리를 하고 마주 앉은 두 사람 앞에 부녀(父女)의 사진들이 놓였다.

"특종도 중요하지만 우정도 중요하지 않니?"

누가 먼저 물었는지 기억하지 못한다. 다만, 우리는 동시에 고개를 끄덕였다. 비슷한 앵글의 사진 두 장을 골랐다. 사이 좋게 한 장씩 나누기로 했다. 약속대로라면, 내일 아침에 유사한 사진 두 장이 경쟁 신문의 사회면을 장식할 것이다. 마감이 급한 친구가 먼저 자리를 떴다. 그는 작별인사를 겸해 당부를 남겼다.

"치사하게 다른 사진 뒤지지 마라."

나는 친구가 떠난 뒤 앨범을 재정리했다. 가장 좋은 앵글의 다른 사진을 가방에 넣는 걸 잊지 않았다.

가장 열등한 친구가 특종을 하다니. 선배는 기사를 쓰면서 물었다.
"너만 아는 거야?"
나는 머뭇거렸다.
"아뇨, 다른 수습 하나도 같이 있었습니다."
선배는 노트북에서 손을 뗐다.
"그럼, 기사 가치가 떨어지는데?"
"아닙니다. 이 사진은 저만 가지고 있습니다."
선배는 물었다.
"어떻게 그걸 자신하지?"
"절대 거짓말할 친구가 아닙니다. 오히려 제가…."
다시 기사를 쓰기 시작한 선배가 한 마디를 내뱉었다. 그의 말은 기자 생활을 하는 내내, 나를 따라다녔다.
"기자는 거짓말을 하면서 진실을 쫓는 직업이야. 그래서 '선비 사(士)'가 아닌 '놈 자(者)'를 쓴다고."

선배의 말이 맞았다. 다음 날 아침, 친구의 신문에는 내가 훔친 사진보다 훨씬 선명한 사진이 실렸다. 내가 그를 속였듯, 그도 나를 속였다. 우리는 특종을 위해 친구를 배신하고 인간관계까지 저버린 셈이다. 친구의 합격 소식에 함께 소리 지르며

운동장을 펄떡거렸던 순박한 젊은이들. 기자라는 직업을 온몸으로 겪으면서 우리는 순수한 시절을 마감했다.

6개월이 흘렀다. 회사는 공언한 대로 세 명의 동기를 퇴사시켰다. 불행인지 다행인지 내 이름은 없었다. 많은 이들이 궁금해했다.
"어떻게 네가 살아남은 거지?"
지금까지도 모르겠다. 어쩌면 쌍코피를 흘리면서 미래를 고민했던 후배에 대한 연민이 작동했을 테다. 이후 나는 오랫동안 죄책감에 시달렸다.

한참이 흐른 뒤, 회사를 강제로 떠난 친구들은 예외 없이 다른 언론사 소속으로 돌아왔다. 다시 언론고시를 치르고, 다시 수습기자 생활을 견딘 그들은 그 누구보다 단단한 기자가 됐다. 혹자는 말했다.
"전화위복이라고, 더 잘된 일 아니야?"
나는 그렇게 생각하지 않았다. 처음 진입한 사회에서 버림받은 젊은 영혼들의 상처가 얼마나 큰지, 가늠하기 힘들기 때문이다. 거짓말을 하면서 진실을 좇고, 따뜻한 사회를 부르짖으면서 적자생존을 부추기는 냉혹한 사회. 나는 기자라는 직업을 천박한 것이라고 여기기 시작했다. 유학을 떠날 자금만 모이면 반드시 떠날 거라는 각오를 다졌다.

2000년 여름, 남북 이산가족 상봉 행사가 서울의 어느 호텔에서 열렸다. 전 세계에서 유일한 분단국가. 그들이 만들어낼 드라마에 세상은 호들갑을 떨었다. 호텔에는 국내외에서 몰려든 기자들로 북적였다. 경비를 맡은 형님들은 해운대의 모래알보다 많은 기자 놈들이 득실댄다고 투덜거렸다.

  나는 양복을 입었다. 이산가족 만남의 현장을 취재하기 위한 드레스코드다. 상봉장은 커다란 연회장에 마련됐다. 대한적십자에서 선발된 남한의 오십여 가족들이 그들의 피붙이를 기다리고 있었다.

  전쟁이 일어난 게 1950년, 휴전 성립은 1953년이다. 전쟁 발발 50년 만에 다시 만나는 가족들은 초조해 보였다. 그들의 머리 위에는 하얀 눈이 내렸다. 오랜 세월의 흔적이다. 그 가운데 흰머리가 유난히 빛나는 노신사가 보였다. 그는 엄마를 만나러 왔다고 했다. 나이 많은 노인이 '어머니' 대신 '엄마'라니, 나는 그의 단어 선택에 아연실색했다.

  참석자들의 눈은 상봉장에 걸린 벽시계에 고정됐다. 시간에 맞춰 북한의 손님들이 등장할 것이다. 나는 문득 걱정했다. 오랜 시간이 흘러서 다시 만나는 가족들. 아무리 부모자식이라고 해도, 이렇게 많은 사람들 가운데서 어떻게 자기 혈연을 찾을 것인가? 나는 주최 측의 안이한 태도를 원망했다.

  드디어 종이 울렸다. 한쪽 문이 열리더니 북한의 손님들이 쏟아져 들어왔다. 그들은 좌우를 돌아보면서 피붙이를 찾기 시작했다. 상봉장에 앉았던 남한 가족들 역시 벌떡 일어났다. 미어캣처럼 두 눈을 크게 뜨고 두리번거렸다. 기적은 잠시 후에 일어났다.

 반백 년 만에 해후한 가족들은 한 치의 망설임도 없이 제 아이, 제 부모를 찾아냈다. 실수하는 이는 단 한 명도 없었다. 머리가 유난히 하얀 남한의 노신사는 북한의 어머니를 만나자 "엄마"라고 외치면서 주저앉았다. 몸이 쪼그라든 팔순의 어머니는 갓난아기를 안은 것처럼 아들을 껴안고 머리를 쓰다듬었다. 어머니와 아들은 서로의 몸을 매만지면서 목젖을 떨며 울었다.

 나는 멍해졌다. 순식간에 눈물이 흘렀다. 하지만 이를 악물고 참았다. 역사의 장벽 앞에 선 개인들의 비극을 만나는 순간을 반드시 기록하고 세상에 전파해야 한다. 그래야 두 번 다시 이런 일을 겪지 않을 테니까.

 다시 만난 가족들을 취재하고 글을 쓰면서, 특종의 의미를 되새기게 됐다. 아무도 알지 못한 사실을 알리는 것만 특종이 아니다. 모두에게 공개됐지만 역사에 남을 기록을 전하는 것도 특종 아닐까? 성실하게 취재해서 사실에 근거한 글을 남기는 작업, 기자라는 직업이 가진 또 다른 얼굴이다. 나는 천박하게 여겨왔던 기자라는 업(業)의 본질을 곱씹게 됐다.

 며칠 뒤, 머리가 하얀 노신사는 몸이 작은 엄마와 헤어졌다. 늙은 엄마는 제 몸뚱이보다 귀한 아들을 버스 창문 밖으로 유심히 바라보고 있었다. 그녀의 가슴에는 경애하는 수령들의 얼굴이 걸렸다. 어미만큼 늙은 아들이 달려가더니 아이처럼 창문에 매달렸다.

"엄마, 내가 잘못했어요. 엄마를 두고 혼자 피난 오는 게 아니었는데… 우리 꼭 다시 만나요."

엄마는 버스 창문에 매달린 제 새끼가 귀해서 두 손으로 연신 어루만졌다. 그 모습을 취재수첩에 기록하던 나는 숨을 쉴 수 없었다. 버스가 떠나고 난 뒤, 나는 호텔의 후미진 곳을 찾았다. 거기에 숨어서 꺼이꺼이 혼자 울었다.

특종 경쟁은 이산가족 상봉 현장에서도 계속됐다. 선배는 집요하게 요구했다.

"북한 가족들을 접촉할 비밀 진입로가 있는지 알아봐."

"경찰들 통해서 간접 취재라도 해."

K 기자, L 기자는 입사 동기로 같이 사회부에 남은 친구들이다. 우리는 호텔 구석에 모여 담배를 피웠다. 특별취재팀이 꾸려진 뒤로 주말조차 쉬어본 적 없었다. 그런데 남북 가족을 철저하게 봉쇄한 취재 현장에서 특종까지 가져오라니, 불만이 쉴 틈 없이 터져 나왔다.

특별취재팀은 지쳐갔다. 저녁을 먹고 있는데 L 기자가 달려왔다. 손에 종이가 들려 있었다.

"호텔 내부 조감도를 구했어!"

우리는 숟가락을 앞다퉈 던졌다. 식료품을 운반하는 내부 엘리베이터를 찾았다. 북한에서 온 손님들은 특정 층에서 묵고 있었다. 식료품 엘리베이터를 타면 몰래 접근 가능하리라.

나는 K 기자, L 기자와 함께 자정이 되길 기다렸다. 유난히 재능 많은 L 기자는 자신감으로 충만했다. 그는 식료품을 옮기는 작은 엘리베이터를 자랑스럽게 소개했다.

"전 세계 수천 명의 기자 가운데 이 통로를 아는 건 우리밖에 없어."

그러나 세상은 만만치 않았다. 한 층 올라가니 모 방송사 선배가, 두 층을 올라가니 경쟁 신문사 기자가 인상을 구기면서 올라탔다. 그나마도 식료품 운반 통로를 주시하던 국정원 직원들한테 멱살을 잡혀 끌려왔다. 그래도 L 기자는 당당했다.

"전 세계 수천 명 기자 가운데 이 통로를 아는 건, 우리 세 매체뿐이야. 이해하지?"

낮에는 공식 취재를 하고, 밤에는 숨겨진 통로를 찾아다녔다. 실패는 거듭됐다. 격무에 지쳐서 바닥에 앉아 강소주를 들이켰다. 이틀만 지나면 이산가족 상봉도 마칠 것이다.

우리는 몸을 가누기 힘들 만큼 지치고 술에 취했다. 먼저 몸을 일으켜 세운 건 K 기자였다.

"한 번만 더 해보자."

다시 호텔로 향했다. 평소보다 경비가 느슨했다. 나는 로비에 자리를 잡고 형님들의 눈길을 끌었다. K 기자와 L 기자는 몰래 엘리베이터를 탔다. K 기자는 술에 너무 취한 나머지 손가락이 떨렸다고 했다. 그래서 목표했던 층을 잘못 눌렀다. 다른 층에 다다른 이유다.

두 사람이 내린 층에는 경비원이 없었다. 비틀거리면서 복도를 걸어갔다. 넓은 공간이 나왔다고 했다. 그곳에는 북한 이산가족을 책임진 류미영 단장이 남한에 두고 온 가족을 만나고 있었다. 잠시 후 두 기자는 국정원 직원들한테 끌려오더니 현관에 내동댕이쳐졌다. 동기들은 말을 더듬으며 내게 말했다.

"트, 특종이야. 분명히 대단한 특종이야."

이른 새벽, 회사의 윤전기가 멈췄다. 그렇게 특종이 탄생했다. 다음 날, 우리는 코피를 흘렸다.

전쟁의 아픔으로 강제로 헤어진 가족들. 서로를 그리워함은 지위고하를 막론하고 같다는 사실을 기사는 웅변했다. 많은 이들한테 시대의 비극과 통일의 필요성을 대변했다.

특종은 쉽게 나오지 않는 법. 입안에서 피 맛이 돌아야 겨우 특종에 다가설 수 있었다. 단내가 난다는 표현만으로는 부족했다. 제 동기 세 명을 잘라낸 비운의 친구들은 그렇게 첫 번째 대형 특종을 건졌다.

하지만 이산가족 상봉은 내게 특종보다 더한 의미를 남겼다. 나는 기자라는 사실을 처음으로 자랑스러워했다. 누군가는 정신을 놓고 오열하는데, 나는 입을 굳게 닫고 기록에 전념했다. 기록하는 사람이 있어야, 진실도 사라지지 않는다. 당연한 이야기다. 하지만 기자의 존재가치는 바로 여기에 있었다.

2004년의 봄, 나는 K 기자와 함께 인터넷뉴스팀에서 일했다. 국회의원 총선거를 앞두고 뜨거운 열기가 전국에 퍼졌다. 하지만 인터넷뉴스팀은 예외였다. 취재 현장에서 한발 물러난 평온한 공간이었다.

일 년 전, 편집국장이 반대하는 기사를 억지로 썼다. 한국전쟁 당시 민간인 학살을 취재하고 보도했다. 현실에도 넘쳐나는 게 특종인데, 왜 반백 년이 지난 과거를 들추냐는 지적을 받았다. 하지만 나는 멈추지 못했다. 과거가 없는 현재는 존재하지 않는다. 오늘의 문제를 청산하지 못한 과거에서 찾고 싶었다. 다음 정기 인사에서 인터넷뉴스팀으로 발령받았다. 선배들은 오가면서 토닥였다.

한직으로 쫓겨난 나는 이를 악물었다. 대학생 기자들을 모아서 온라인 영상 기사를 만드는 일을 했다. 신문사에서 무슨 영상이냐고 꾸짖는 이도 있었다. 나는 포기하지 않았다.

"관여하지 않을 테지만 조금의 지원도 없다."

젊은 기자의 고집을 꺾지 못한 회사의 결정이다.

대학생 기자들한테 월급을 지급하지 못했다. 내 힘으로 젊은 것들을 먹이는 것만으로도 힘에 겨웠다. 월급으로 모자라 신용

대출을 받았다. 보다 못한 K 기자가 자원해서 인터넷뉴스팀으로 왔다. 그도 곧 신용불량자가 됐다.

학생기자들은 총선을 맞아 정치인들을 쫓아다녔다. 하루는 학생기자 한 명이 6밀리미터 DV 테이프를 들고 왔다.
"선배, 정치인 한 분과 인터뷰했는데 내용이 이상해요."
노인 폄하 발언 보도의 시작이다. 나는 K 기자와 테이프가 늘어지도록 돌려봤다. 영상 속에서 유력 정치인이 말하고 있다. "60대 이상은 선거를 하지 않아도 좋다." 분명히 특종이다. 하지만 사흘 동안 고민했다. 우리는 서로 묻고 대답하기를 반복했다. '과연 학생의 취재력을 믿을 수 있을까?' '신뢰하기 힘들지, 하지만 명확한 물증이 있잖아.', '젊은 학생들을 만나서 말실수한 게 아닐까?' '그럴 수도 있지. 하지만 공인의 무거움은 천금과 같은 거야.', '과연 회사가 이 기사를 내보낼까?', '그럼 다른 방법을 준비해야지.'

회사에 보고했다. 모든 준비를 마친 다음이다. 편집국 회의에서 난상토론이 벌어졌다. 국회의원 자리 수십 석이 바뀔 수도 있는 파괴력 있는 내용이었다. 회사는 신중에 신중을 기했다. 마침내 결론이 나왔다. '일단 보류!'
K 기자와 나는 놀라지 않았다. 예상했던 결정이다. 우리 회사의 온라인 뉴스는 특정 포털 사이트와 실시간 보도 계약을

맺고 있었다. 그걸 이용하기로 했다. 점심시간을 기다렸다. 인터넷뉴스팀은 편집국 출입구에 위치했다. 선배들은 우리를 안쓰러운 눈빛으로 바라보며 지나쳤다. 하지만 그들은 몰랐다. 준비한 기사와 영상 클립은 엔터 키만 누르면 전국에 공개될 것이다.

우리는 결의를 다졌다. 편집국 사람들은 윤전기가 돌아가야만 기사가 송출된다고 믿겠지만, 세상은 변한 지 이미 오래다. 크게 숨을 들이마셨다. 온몸이 뜨거워졌다. 마침내 엔터 키를 눌렀다. 서둘러 핸드폰 전원을 껐다. 회사에서 멀지 않은 술집으로 들어갔다. 정신을 잃을 만큼 술을 마셨다.

정신을 차리고 핸드폰을 켰을 때, 셀 수 없을 만큼의 부재중 전화 알림이 떴다. 술집 TV에서는 우리의 특종이 방송되고 있었다. 사표를 각오하고 편집국으로 돌아왔다.

다행히 잘리지는 않았다. 선배들은 혀를 내둘렀다.

"니네들은 내일이 아예 없구나."

다음 날 아침, 신문의 기명기사는 L 기자의 이름으로 나갔다. 허세 많던 동기는 감탄했다.

"이 자식들, 깡 좋네."

노인 폄하 기사로 인해 총선 판도는 바뀌었다. 예상했던 바이다. 특정 당은 손해를 입었고, 반대 당은 혜택을 보았다. 혹자는 물었다. 기사 이후 국회의원 제안은 없었냐고. 나아가 다른 이는 되물었다. 너는 어느 편에 서 있길래 그런 기사를 썼느냐고.

  정치권의 영입 제안을 받은 적은 없었다. 만약 제안이 들어왔더라도 관심을 보이지 않았을 것이다. 그 정도 자존심은 있으니까. 어느 편에 서 있느냐는 질문에 대해선, 바보 같은 물음이라고 대답했다. 기자는 냉정하게 보고 들은 걸 전하는 직업이다. 그들은 진실을 위해 서로를 속일 수도 있는 자들이다. 현실에서 보도할 만한 상황을 마주하면 주체가 누구건 간에 알리는 게 사명일 뿐이다.

  이제는 고백해야겠다. 사실 나는 다른 걱정을 해왔다. 바로 뉴스 주인공들에 대한 연민이다. 성수대교에서 죽은 딸을 그리워하다 생을 마감한 아버지를 가슴으로 이해했다. 갑작스러운 가장의 죽음이 언론사에 의해 파헤쳐졌던 가족들을 안타까워했다.

  북측 이산가족을 데리고 남한으로 온 류미영 단장에 대해서도 많은 걱정을 했다. 혹시 북한으로 돌아가서 처벌을 받은 건 아닐까. 그녀가 2016년 자연사했다는 보도에 겨우 안도했다. 하지만 3년 뒤, 한국에 머물던 차남이 몰래 월북했다는 소식을 듣고 다시 마음이 끔찍해졌다.

  노인 폄하 발언을 한 유력 정치인, 그 개인에 대한 연민도 오래 느꼈다. 그를 개인적으로 미워하거나 혹은 좋아한 적은 없다. 그러나 특종 이후, 그의 정치적 행보는 위축된 게 분명했다. 중요한 선거의 고비마다, 상대는 그의 말실수를 붙잡고 늘어졌으니까.

특종은 공동체를 위해 필요하지만, 어느 특정인을 상처 입힐 가능성이 높았다. 서로의 존재가치를 확인하는 작업이기에, 일말의 타협의 여지조차 없었다. 그래서 잔인한 치킨게임이다.

많은 시간이 흘렀지만 나는 여전히 고민한다.
팩트란 무엇인가? 기자란 무엇인가? 특종이란 무엇인가? 가치관이 개입되지 않은 순연한 팩트가 존재할 수 있는지, 지금의 나는 확신하지 못한다.
기사를 쓰기 전, 사회적 파장을 고민하는 것은 당연한 일이다. 하지만 보도 이전에 섣불리 판단하는 것은 월권이다. 판단은 독자 혹은 시청자의 몫이지 기자의 것이 아니기 때문이다.
특종 없는 기자, 혹은 언론사의 존재 이유가 있을까? 이 질문에 대해서도 나는 감히 대답하지 못하겠다.

편집국에 사표를 내던 날, 텅 빈 책상을 보면서 나는 아쉬움보다 홀가분함을 느꼈다. 두 번 다시 이 자리로 돌아오지 않을 테다. 하지만 살아가는 내내 그리워할 것임은 분명했다.
특종을 향한 오만한 집착과 인간에 대한 서툰 연민 사이에서 서성이며 살아온 기자 인생.

"좋은 기자가 될 것인가? 좋은 인간이 될 것인가?"

가슴 먹먹한 질문은 앞으로도 결코 사그라지지 않을 것이다.

물기를 잔뜩 머금은 바람이 불었다. 편집국 건물을 돌아봤다. 신문사의 로고를 담은 깃발이 나부끼고 있었다. 그것은 오랫동안 내 자존심의 근원이었으며, 내 부끄러움의 출발점이었다. 청승맞게 눈물이 흘렀다. 그래서 나는 한참 울었다.

겁쟁이 종군기자

유럽에서 가장 작은 공화국인 산마리노(San Marino)는 낯선 이의 접근을 거부하는 거친 전사(戰士)의 모습이었다. 나는 경탄했다.

"세상과 단절된 대신 자유를 얻었다더니, 천혜의 요새란 이런 곳이구나."

비가 내리고 바람이 불었다. 가파른 절벽을 따라 건설된 작은 공화국의 초입에서 실눈을 뜨고 산 정상을 바라봤다. 구름에 살포시 가려진 저곳에 식당이 있고, 호텔이 있고, 상점이 있다는 사실이 믿기지 않았다. 당장이라도 전쟁의 포화 소리가 울리고 사람들의 차가운 비명에 하늘과 땅이 흔들릴 것 같았다.

산의 이름은 티타노(Monte Titano)라고 했다. 맑은 날, 정상에 서면 아드리아해와 맞닿은 리미니 항구가 어렴풋하게 보였다. 십자군 원정 당시 예수님을 가슴에 아로새긴 전사들이 술탄의 군대와 싸우기 위해, 저곳에서 배를 타고 전쟁에 나섰다는 설명이다. 나는 몸을 부르르 떨며 진저리를 쳤다.

돌을 다듬어 만들어진 웅장한 성채 두 곳이 보였다. 하나는 '로카 체스타(Rocca Cesta)', 다른 하나는 '로카 구아이타(Rocca Guaita)'. 성벽을 따라 정상으로 올라가는 길은 좁았다. 한 사람이 지나기에도 버거울 정도였다. 셀 수 없이 많은 구멍이 성벽 중앙에 뚫려 있었다. 총과 대포를 내놓고 적들한테 불을 뿜었던 모양이다.

상대가 가까이 오면 성인 남자의 키보다 훨씬 긴 창을 디밀어 사정없이 찔렀다고 전해지는데, 나는 이 모든 설명을 성벽 언저리에 자리한 기념품 상점 주인에게서 들었다.

"전쟁이 치열했겠군요?"

그는 어깨를 살짝 들더니 어이없다는 듯 손바닥을 펼쳐 보였다.

"당연한 거 아닌가요?"

산마리노는 기독교를 탄압했던 로마 황제의 박해를 피해 건설된 도시국가다. 기념품 상점엔 날카로운 칼과 커다란 창을 부여잡은 인형들이 20유로 언저리의 가격표를 방패에 짊어지고 늘어섰다. 인형들의 눈매가 하도 매서워서 잔뜩 주눅 들었다. 상점 주인은 덧붙였다.

"전쟁이란 모든 걸 걸어야 하죠. 얼마나 처절했겠어요? 우리

선조들은 신앙을 지키기 위해 용감하게 나섰답니다. 그 결과가 지금 눈에 보이는 모든 것들이에요."

그의 눈가에 이슬이 맺혔다. 자랑스러움 때문인지, 흩날리는 비 때문인지 분간하기 어려웠다.

상점 주인의 권유에 따라 무기박물관을 찾았다. 입장권을 끊고 들어간 박물관 입구에는 나이 많은 직원이 옅은 미소로 환영 인사를 대신했다. 그는 따뜻한 전기난로 옆에 앉아 연신 시계를 쳐다봤다. 폐관 시간이 다가오고 있었다.

지나치게 무거워 보이는 칼과 창, 어마어마한 크기의 총과 대포, 그리고 몸에 지니고 다녔다는 권총들이 전시된 살기가 가득한 공간이었다. 진열된 무기들은 별다른 장식조차 없었다. 나는 벌거벗은 무기들 앞에서, 벌거벗은 전쟁의 참혹함을 체험하며, 벌거벗은 두려움을 온전히 느꼈다.

온몸에 한기가 돌았다. 박물관을 박차고 나가 버리고 싶다는 충동을 누그러뜨린 건, 어느 전사가 남긴 칼 한 자루였다.

말갛게 닦인 칼은 퍼렇게 날이 섰다. 당장이라도 벌건 피가 흥건하게 배어 나올 것만 같다. 특이한 손잡이 장식이 돋보였다. 나는 진열장에 한 걸음 다가섰다. 유리창에 눈과 코를 대고 한참을 쳐다봤다.

아내를 껴안은 남자의 뒷모습이 부조로 새겨져 있었다. 전쟁터에 들고 간 칼에 조각된 부부의 모습이라니. 호기심에 요리

조리 살펴보다 소름이 돋았다. 건장한 사내들이 질러대는 짐승 같은 포효 소리가 어딘가에서 들려오는 것 같았다. 연기가 눈앞에서 모락모락 피어올랐다. 쓰러져 있는 사람들이 이곳에도, 저곳에도 보였다.

여기는 전쟁터다. 조국을 지키기 위해 목숨을 내놓은 남자. 그는 잘 벼려진 칼 하나를 들고 자기 몸과 가족, 나아가 나라와 신앙을 지켜야 했다. 모든 걸 내던져야 하는 순간, 사내는 아내와 함께 나눴던 따스한 보금자리를 그리워했으리라.

나는 칼자루에 새겨진 남녀의 모습이 문득 서럽게 느껴졌다. 갑자기 죽음을 앞둔 남자를 위해 울음을 터뜨리는 여인의 모습이 환영처럼 보이기 시작했다.

선교사의 아내가 울고 있었다.

그녀는 낡은 승합차 앞에서 울음소리를 참아가며 눈물을 흘렸다. 2001년의 가을에서 겨울로 넘어가는 시간이었다. 등산복 차림에 등짐을 멘 남편은 고개를 숙인 채 아내의 울음이 멈추기를 기다렸다. 대체 무슨 일이 벌어진 걸까?

불과 나흘 전, 나는 타지키스탄 수도에 세워진 교회에 도착했다. 전쟁을 취재하기 위해서다. 담임목사는 한국계 미국인이다. 아시아인이 많지 않은 도시에서 호텔보다 안전한 숙소라고 했다. 교회 정문에는 무장한 경찰 둘이 소총을 들고 경비를 섰다. 법은 종교의 자유를 허락했지만, 관습은 그렇지 않았다. 크리스천을 겨냥한 무장 테러가 자주 발생하고 있었다.

해외 출장 중인 담임목사를 대신해 손님을 맞은 건, 선교사와 그의 아내였다. 마흔이 되지 않은 젊은 부부. 태권도 사범 출신인 남편은 뒤늦게 선교를 결심했다. 아내는 군말 없이 가장의 선택을 따랐다. 씩씩한 남자아이 둘은 부부의 소중한 보물이다.

선교사의 시각으로 본, 한국 기자는 어리석고 부족했다. 그래서 진심을 다해 도왔다. 아프가니스탄 비자를 받는 일부터 인터뷰를 통역하는 일까지. 선교사에게는 특별한 달란트가 있었다. 다른 나라 말을 쉽게 배운다고 했다. 영어는 물론이고, 아프가니스탄의 여러 언어까지 이해했다.

기자는 처음 만난 선교사한테 많은 것을 의지했다. 뻔뻔하고 모자란 기자는 바로, 젊은 시절의 '나'였다.

교회는 넓은 마당에서 애완 곰을 키웠다. 사냥꾼한테 끌려온 어린 곰을 구출한 것이라고 들었다. 나는 애완 곰과 많은 시간을 보냈다. 머리가 복잡할 때는 허튼짓을 많이 하는 법이다.

처음 밟은 낯선 땅. 어떻게, 누구를 대상으로 취재할 수 있을까? 나는 감조차 오지 않았다. 회사에서는 끊임없이 전화가 걸려왔다. 편집국의 찰진 압박, 과도한 기대로 인한 부담감, 전쟁에 대한 두려움, 현실적인 한계 속에서 나는 공포를 느꼈다. 선교사는 그런 기자를 조용히 지켜봤다.

아프가니스탄으로 가기 전날, 나는 선교사와 단둘이 마주 앉았다. 그는 축복 기도를 해주었다.

"항상 기도하겠습니다. 건강하게 다녀오세요."

나는 식은땀을 흘리며 고백했다.

"전쟁도 무섭지만, 아무것도 못 해낼까 봐 더 떨립니다."

나를 안쓰럽게 바라보던 그가 생각에 잠겼다. 그러더니 조심스럽게 말문을 열었다.

"분명히 주님께서 함께하실 겁니다."

나는 그 의미를 알지 못했다. 그날 저녁, 선교사 부부의 방에서 울음소리가 새어 나왔다. 불빛은 새벽까지 꺼지지 않았다.

중앙아시아의 태양이 떠올랐다. 이른 아침에 회사와 통화를 마쳤다. 당당하게 아프가니스탄의 국경을 넘을 것이다. 죽지 않으면 살 것이고, 살지 못하면 죽으리라. 마음이 편안해졌다. 부모님을 속이고 종군기자로 왔다는 사실이 마음에 걸릴 뿐이었다.

문을 열고 나가는데, 예상하지 못한 이를 만났다. 인자한 웃음의 선교사가 문 앞에 서 있었다. 활동하기 편한 복장에 등산화, 등에는 커다란 짐까지 멨다. 의아한 표정을 짓는 기자를 보고 그가 말했다.

"혼자 가시면 분명히 사고가 날 것 같아서요. 크리스천은 손님을 함부로 대하지 않습니다."

저녁부터 아침까지 이어진 선교사 아내의 울음, 그 원인은 여기에 있었다. 선교사는 전쟁터로 향하기로 결심했다. 금전적 이득도, 교회의 지시도 없었다. 그는 처음 만난 기자를 도우려고 목숨을 건 셈이다. 누가 봐도 이상한 결정이었을 테다.

전쟁터로 들어갈 차량을 붙잡고 기도하는 아내한테 선교사가 다가갔다. 그는 아내를 다독이며 말했다.

"울지 말아요. 이런 일을 하려고 선교사가 된 거잖아요?"

아내는 눈물을 흘리며 고개를 끄덕였다.

겁쟁이 기자는 비겁했다. 나는 차마 말리지 않았다. 서로를 껴안은 젊은 부부를 보면서 애꿎은 입술만 뜯었던 기억이다.

2001년 9월 11일, 세계무역센터 쌍둥이 빌딩이 무너졌다.

미국으로 잠입한 테러범들은 수백 명을 태운 민간 항공기를 납치해 뉴욕 한복판에 있는 마천루로 달려들었다. 수많은 사람들이 보는 앞에서 항공기는 산산조각 났다. 하늘을 찌를 듯 서 있던 빌딩은 허물어졌다. 헤아릴 수 없이 많은 사람들이 테러범들의 손에 생명을 잃었다. 끔찍한 일이었다.

미국은 테러 주범으로 오사마 빈 라덴(Osama bin Laden)을 지목했다. 그가 숨어 있다는 아프가니스탄으로 침공하기까지 많은 시간이 필요하지 않았다. 전 세계 언론인들은 세계 최강국의 보복을 기록하기 위해 짐을 챙겼다.

신문사 편집국에서도 종군기자를 선발했다. 편집국장은 현장 기자들을 모두 불렀다. 종군기자를 파견하는 까닭을 상세하게 설명했다. 21세기에 벌어진 전쟁을 한국인의 시각으로 독자들에게 전달하자는 것이다. 피가 끓는 명연설이었다. 국장의 말이 끝나기 무섭게 선배들의 손이 올라갔다. 지원하겠다는 의사 표현이다.

나는 입사한 지 얼마 되지 않은 풋내기였다. 동기인 K 기자가 내 옆구리를 찔렀다.

"영화감독이 꿈이라며? 전쟁을 직접 볼 수 있는 기회잖아."

그의 지적은 옳았다. 그래서 오른손을 번쩍 들었다.

열 명이 넘는 지원자들 가운데 가장 미숙한 기자가 선발될 가능성은 희박했다. 사회부 선배들은 후배의 치기를 칭찬하더니, 술자리로 끌고 갔다. 연이어 권하는 술잔에 정신을 잃었다. 눈을 떠 보니 대낮이었다.

전화벨이 울렸다. 편집국장이었다.

"지원자들이 아침부터 줄줄이 취소하겠다는 전화를 했네. 결국 자네만 남았더군. 경력이 짧아도 중요한 건 소신이야. 자네가 가서 전쟁을 취재하게."

청천벽력이었다. 설마 내가 선발될 줄 몰랐다고 고백할 배포도 없었다. 생전 처음 가는 나라 밖이 전쟁터라니. 실토하자면, 국제선 항공기를 타본 적도 없었다.

인천국제공항을 떠나 우즈베키스탄 타슈켄트를 경유한 뒤

타지키스탄 두샨베(Dushanbe)를 거쳐 아프가니스탄 국경으로 들어가기까지 모든 게 실수투성이였다. 그렇게 종군기자 생활이 시작됐다.

아프가니스탄 비자를 받은 여러 나라의 기자들은 각자 차를 타고 긴 줄을 이뤄 국경을 넘었다. 선교사가 운전하는 승합차는 가장 후미에 있었다. 우리는 창문을 열고 머리를 빼꼼히 내밀었다. 뜨거운 모래바람이 불고 있었다. 나는 다양한 피부색의 기자들이 만든 긴 행렬을 보면서 탄성을 터뜨렸다.
"커다란 뱀이 똬리를 풀고 모래언덕을 헤치며 나아가는 것 같구나."
취재 경험이 많다고 자랑하던 미국 기자는 입을 떡 벌린 한국 기자에게 다가와 조언했다.
"전쟁은 사람들의 눈빛부터 바꿔 놓거든. 들짐승의 눈처럼 빛을 발하는 사람들이 모여 있으면, 거기가 바로 전쟁터야. 그런 곳에선 신경을 곤두세우고 조심해야 해."
그의 말은 정확했다. 누군가 "전쟁은 어디에서 벌어지고 있나?"라고 물으면, 나는 "사람들의 눈 속에 있다."고 대답할 테다. 비자를 검사하는 군인들의 눈빛부터 차가웠다. 그들은 여권 사진과 실제 모습을 묵묵히 비교했는데, 안광이 쏟아지는 것만 같아서 몸이 저절로 움츠러들었다.

아프가니스탄의 북부 동맹군(Northern Alliance)은 미군과 손을 잡았다. 그들은 종군기자들에게 낡은 숙소를 호텔이라 소개하며 비싼 값을 치르게 했다. 아흐마드 샤 마수드(Ahmad Shah Massoud)라는 전설적인 야전 사령관이 탈레반의 폭탄 테러로 숨진 장소였다. 우리는 영웅의 무덤 한쪽을 빌려서 쪽잠을 자고 밥을 먹고 기사를 썼다. 기름밥이라 불리는 음식을 사 먹었는데, 강한 바람이 불어올 때면 밥 사이에 먼지가 잔뜩 들어가 입속에서 서걱거리는 소리가 났다. 민망해진 나는 선교사의 얼굴을 보고 웃었다.

미군 전투기는 밤에 날아와 상대를 공습했다. 날이 밝으면 탈레반이 권력을 잃은 곳으로 다가갔다. 무너진 건물 속에서 사체가 어렴풋하게 보였다. 먹을 걸 찾는 아이들은 외국인에게 다가와 손을 벌렸다. 어린 것들의 눈동자 역시 형형하게 빛났다.

위성전화도 없이 전쟁터를 찾은 애송이 기자는 준비 부족을 현장에서 깨달았다. 기사 송고를 위해 다른 나라 기자들의 통신장비를 빌려야 했다. 두 명이 한 조를 이룬 일본 아사히신문 기자들도 탄식했다.

"여기서도 우리는 마이너리티야."

맞는 말이었다. 영미권 국가의 언론사들은 여러 팀을 꾸려서 입체적인 취재를 했다. 그들은 미국이든, 탈레반이든, 북부 동맹군이든 다양한 네트워크를 통해 정보를 구했다. 반면, 나는 아프가니스탄에서도 그들의 기사를 뒤지며 상황을 파악해야 했다.

시간은 흘렀다. 나는 선교사의 헌신적인 도움 덕분에 버텼다. 편집국에서 사진을 요청했다. 선교사는 지나가던 탱크를 붙잡았다. 현지 언어로 양해를 구한 뒤 나를 탱크에 태웠다. 포즈를 취하게 하더니 셔터를 눌렀다. 이번에도 다른 나라 방송사의 장비를 빌려서 사진을 한국으로 보냈는데, 편집국 선배는 물었다.
"사진이 끝내준다. 어떻게 촬영한 거야?"
나는 해맑게 대답했다.
"선교사님께서 찍어주신 겁니다."
선배는 몇 번을 되물었다.
"이 사람아, 선교사가 거길 왜 가?"

종군기자 임무를 마쳤다. 우리는 무탈했다. 남편을 다시 만난 아내는 아이처럼 기뻐했다. 그녀가 좋아해서 나도 좋았다. 선교사의 아내가 혼자 겪었을 지옥을 곱씹으며 고마움을 전했다.
주일이 지나면 한국으로 돌아갈 계획이다. 아프가니스탄에서 간절하게 기도하는 선교사를 발견하고 제안한 적이 있었다.
"아무 사고 없이 듀산베 교회로 돌아갈 수 있으면 좋겠어요. 주일예배에서 현지어로 찬송하고 싶습니다."

교회 단상 앞에 타지키스탄 말을 우리말로 풀어쓴 메모를 붙였다. 율동하며 노래를 불렀다. 교인들은 두 손을 맞잡고 이방인의 노래를 경청했다. 산마리노의 전사들처럼 그들도 종교를 위해 목숨을 담보 잡힌 사람들이다. 그들은 위로를 받은 얼굴이었다.

짐을 꾸리는 새벽, 선교사와 작별 인사를 했다. 그는 젊은 종군기자를 굳게 안았다.

"언젠가 크리스천이 되시면 좋겠습니다."

나는 대답 대신 희미한 미소를 지었다.

타지키스탄에서 출발해 우즈베키스탄을 경유한 뒤 인천국제공항에 도착했다. 마중 나온 이는 없었다. 나는 김치찌개와 삼겹살을 먹었다. 그리고 한참을 아팠다.

이후 나는 종군기자 경력을 감히 자랑하지 않았다. 분명 전쟁터에서 겁쟁이였고 미숙했으니까. 최소한 떠벌리지 않는 게 예의라고 생각했다. 타지에서의 수치스러운 경험 덕분에, 언젠가 한국어로 쓰인 세계적인 특종을 하겠다는 꿈을 갖게 됐는데, 그게 유일한 수확이었다.

저널리스트가 아닌 인간으로서, 더욱 창피한 일은 따로 있었다. 선교사 부부의 노력을 망각하고 살았다는 사실이다. 내가 결혼하고 아이를 낳은 다음, 그들의 결정이 얼마나 놀라운 것인지 알았다. '내'가 아닌 '남'을 위해 목숨을 내놓는 것보다 숭

고한 사랑은 없기 때문이다.

내 나이가 선교사의 그것보다 많아졌을 때, 비로소 교회를 찾았다. 세례를 베풀던 목사님은 물었다.

"어떻게 주님을 믿게 되셨나요?"

잊고 지냈던 전쟁터와 선교사, 그리고 울음을 터뜨린 그의 아내가 떠올랐다.

너무 오랜 시간, 그들의 사랑을 지우고 살았다. 죄송한 마음에 눈물이 쏟아졌다. 나는 고백했다.

"겁쟁이 종군기자를 돌봐준 선교사님을 통해서입니다. 저는 아프가니스탄에서 예수님을 만났습니다."

소중한 누군가를 위해 기꺼이 조연이 되는 일. 그것은 주연의 화려함보다 위대한 일이다. 선교사 부부의 헌신으로 살아난 나는, 주연보다 조연의 고귀함을 깨닫게 됐다. 그분들이 준 커다란 선물이다.

콤플렉스 패러독스

 형언하기 힘든 무언가가 속에서 끓어올랐다. 나는 결국 참지 못하고 편집국 밖으로 뛰쳐나왔다. 흡연실로 들어갔더니 연기가 자욱했다.

 "캬악!"

 뱃속에 있는 고름을 짜내듯 구토하고 싶은 모든 것들을 목구멍으로 꺼냈다. 있는 힘껏 침을 뱉었다. 담배를 피우던 사람들의 눈동자들은 하나 같이 나를 겨눴다. 하지만 아랑곳하지 않았다. 나는 피를 토하는 심정으로 외쳤다.

 "누가 추락하는 것에 날개가 있다고 거짓말을 한 거야? 절대로 날개 따윈 없어. 그러니까 땅바닥으로 고꾸라진 거지."

 한(恨)으로 가득 찬 젊은 기자의 말에 사람들은 조용히 담뱃불을 비벼 껐다. 그렇게 콤플렉스가 하나 더 늘고 말았다.

 한국전쟁 관련 기사를 억지로 쓴 게 화근이었다. 아프가니스탄 종군기자 생활을 마치고 과거사 문제에 집착했다. 몇 달의 추적 끝에 '한국전쟁 당시 한국 군인과 경찰에 의한 민간인 학살' 기사를 썼다. 그 보도는 환영받지 못했다. 이어진 편집국 인사에서 인터넷뉴스팀으로 옮기라는 명령을 받았다.

나는 당황했다. 내근직으로 옮겨야 하는 까닭을 설명해 달라고 편집국장에게 청했다. 그는 후배를 직접 면담하는 대신 이메일로 답을 보냈다.

"자네한테 악감정은 없네. 신선한 발상으로 새로운 분야를 개척하길 바라네. 1년만 견디면 원하는 부서로 보내주겠네."

아무리 노력해도 '뒷배 없고 재능 없는 기자'에 불과하다는 사실, 결국엔 주류가 되지 못하고 외곽으로 밀려날 신세라는 자각. 그것들이 똘똘 뭉쳐서 커다란 돌덩이가 되더니 뒤통수를 내려쳤다. 나는 피를 철철 흘리며 바닥을 기어다니는 패잔병의 심정이었다.

인터넷뉴스에 관한 미디어의 관심이 높지 않던 시절이었다. 부서에 배치된 기자는 팀장과 나, 단 두 명. 하루 종일 편집국 구석에 우두커니 앉아 퇴근시간만 기다렸다. 후배의 풀 죽은 모습이 안쓰러운 선배들은 몰래 다가와 등을 토닥였다.

"입 다물고 조용히 버텨라."

낙오했다는 불안감, 그 오래된 콤플렉스가 또다시 밀려왔다. 나는 학창시절에 전해들은 친구들의 불만이 떠올랐다.

"너는 콤플렉스 덩어리야. 가끔 그게 날카로운 가시처럼 돋아 나와서 남들을 찌르는 바람에 고슴도치처럼 보인다니까."

그들의 지적에 공감했기에 다른 이에게 약점을 들키지 않으려고 애썼다. 그런데 신문사에 들어와서도, 심지어 종군기자를 다녀와서도 나의 단점은 극복하기 힘들어 보였다.

기독교방송(CBS)을 찾아간 건 며칠 뒤였다. 새로 부임한 인터넷뉴스 부장이 열정적이라는 소문이 돌았다. 노조위원장을 지내는 동안, 협상 과정을 온라인에 공개했다고 했다. 그 경험을 바탕으로 실시간 뉴스 서비스를 기획하는 중이라고 알려졌다. 2003년 여름의 일이다.

인터넷뉴스 부장의 이름은 민경중 선배다. 포털이 제공하는 뉴스가 갑작스럽게 각광받기 시작했다. 거대 언론사 위주로 유통되는 온라인 뉴스 시장, 국민일보, 기독교방송 같이 상대적으로 작은 언론사들은 찬밥 신세를 피하기 어려웠다. 우리는 일선에서 고생하는 동료들을 언급하며 의기투합했다.

"기자들은 소속이 중요한 게 아니잖아? 현장에서 열정을 갖고 뛰는데, 브랜드 따위가 무슨 소용이야? 더 많은 사람들에게 진짜 언론의 힘을 보여주자."

배포는 좋았지만, 그것으로 충분하진 않았다. 거절 의사를 전달하는 포털 담당자의 대답은 간명했다.

"비슷비슷한 콘텐츠라면 신뢰도 높은 언론사의 것만 서비스

하겠습니다."

'좌절금지!'

민 선배와 나는 서로 다른 책상 앞에, 같은 구호를 붙였다. 우리는 밤을 지새우며 작은 언론사가 거대 언론사보다 주목받을 방법을 고민했다. 그러다 얻은 결론.

"온라인을 통해 처음 보는 뉴스를 만들자."

마침내 국민일보 편집국과 기독교방송 보도국 기자들은 하나가 됐다. 두 언론사가 소유한 정보와 뉴스를 노컷뉴스라는 이름 아래, 실시간으로 제작하기로 했다. 우리는 자신감에 넘쳤다. 어느 누구도 도전하지 않았고, 언론사가 아니면 불가능한 뉴스 서비스. 위풍당당하게 국내 주요 포털사를 찾았다. 네티즌을 열광시킬 뉴스를 들고 왔다고 설명했을 때, 그들은 고개를 갸웃하더니 희미한 미소를 보였다.

"작은 언론사들이고, 사고도 날 수 있는 뉴스라서 함께 하기 어렵습니다."

우리는 포털이 밀집한 서울 강남대로에서 망연자실한 얼굴로 주저앉았다. 아무 말도 하지 않고 주머니를 뒤져서 담배부터 찾았다. 긴 한숨이 새어 나왔다. 마이너 언론사에 근무한다는 분명한 사실이 콤플렉스 목록에 추가되는 순간이었다. 외제 차들이 속도를 내며 달리는 강남 한복판, 중년 기자와 초보

기자가 서로한테 들키지 않으려고 궁싯대며 각자의 눈물을 닦았다.

나는 문득 얼마 전에 만난 밴드 부활의 리더, 김태원을 떠올렸다. 그는 침대에 기댄 채, 잔뜩 늘어진 표정으로 말했다.
"제게 있어 콤플렉스는 창작의 원천입니다."
취재수첩에 인터뷰를 받아 적던 나는 고해성사라도 받은 기분이었다. 기억이 시작된 순간부터 지금까지 수많은 콤플렉스에 시달려왔다. 어린 시절에는 가난이 싫었다. 매력적이지 못한 외모도 마음에 들지 않았다. 탁월한 학업 성적을 자랑하는 우등생에겐 주눅 들었다. 이제는 작은 언론사 기자라는 현실까지 자존심을 짓누르게 됐다.
기타를 든 수상한 구원자를 생각하며 나는 이를 악물었다.

노컷뉴스는 대히트를 기록했다.
작은 언론사라는 사실을 인정하고, 콤플렉스를 극복하고자 노력한 결과였다. 사건이 벌어지면 완벽하게 정제되지 않은 기사라도 속보로 내보냈다. 기사화하기에 걸맞지 않은 정보도 허투루 보지 않았다. 다른 언론사에서 먼저 기사를 쓴 경우, 미처 알려지지 않은 뒷이야기까지 취재했다.
포털마다 같이하고 싶다는 구애를 보내왔다. 강남대로를 다시 찾은 우리는 개선장군 같았다. '격세지감(隔世之感)'이란 이런 것이다. 눈물과 한숨을 섞어 보냈던 그 자리에서 우리는 하이파이브를 했다.

라디오와 신문의 동거는 오래가지 못했다. 라디오는 시간마다 뉴스를 내놓지만, 신문은 하루에 딱 한 번 마감했다. 서로 다른 뉴스 생산 시스템을 가진 두 언론사는 자주 갈등을 빚었다. 노컷뉴스는 처음 탄생했던 시절로 돌아갔다. 기독교방송 단독으로 운영키로 한 것이다. 나는 민경중 선배를 찾아가 고개를 숙였다.
"선배 덕분에 많은 걸 배웠습니다."
그는 아쉬움에 나의 어깨를 어루만졌다.

기독교방송과 헤어진 다음, 국민일보는 쿠키뉴스라는 새로운 브랜드를 만들었다. 후발 주자가 선두 주자를 따라잡기는 어려운 법이다. 노컷뉴스는 연예 콘텐츠의 중요성을 눈치채고 취재를 강화했다. 지방 신문들을 모아서 새로운 뉴스 연합체를 만들기도 했다.
나는 민 선배의 아이디어를 넘어서기 위해, 영상에 방점을 뒀다. 같은 배를 탔던 선배에게 콤플렉스가 발동한 탓이다. 인터넷의 쌍방향 특성을 살린 온라인 토론회의 주인공은 고(故) 최병렬 한나라당 대표, 고(故) 김근태 열린우리당 의원, 레온 J. 러포트 주한미군 사령관 등이다.

지역 신문 대신 지역 민방과 제휴를 맺었다. 울산방송(UBS)과 수도권 영상 뉴스 제공에 관한 협약을 맺었는데, 언젠가 신문과 방송의 겸영이 허락되면 바람직한 모델이 될 거라고 믿었다. 방송 스튜디오가 없었기에 교회와 대학 방송국 시설을 빌려 썼다. 열악했지만 새로운 것에 도전한다는 즐거움에 빠졌던 나날이다.

노컷뉴스와 쿠키뉴스는 경쟁적으로 규모를 키웠다. 하지만 거기까지였다. 콘텐츠가 늘었지만, 수익까지 오르진 않았다. 다양한 일을 동시에 수행하는 기자들의 반발도 많았다. 어느 선배는 공개적으로 불만을 털어놓았다.
"꼭 일 못하던 녀석이 저런 식으로 사고를 친다니까."
여기저기서 회의론이 고개를 들기 시작했다.

조선일보로 옮긴 건 그즈음이었다. 사표를 냈을 때 사람들은 비난했다.
"작은 언론사를 키운다던 명분은 결국 대형 신문사로 가기 위한 발판이었구나?"
나는 아무 말도 하지 못했다. 대신, 크로스미디어(Cross-Media) 기획을 시작했다. 글, 영상, 온라인으로 같은 취재물을 동시에 내보내는 게 핵심 아이디어다. 요약하자면, '아침에 신문으로 읽은 탐사 보도물을, 저녁에 TV 다큐멘터리로 확인시키는 작업'이다.

아시아 여러 나라의 현실을 알리는 '아워 아시아(Our Asia)' 프로젝트를 취재하고 다큐멘터리로 만들었다. 송출을 위해 지역 민방들을 찾았다. 신문이 방송을 장악하려 한다는 의심도 받았지만, 쿠키뉴스 시절의 인맥은 큰 힘이 됐다.

건강이 나빠졌기에 술 대신 사이다를 마시면서 설득했다. 밤새도록 마신 사이다가 두 박스를 넘기도 했다. 그렇게 전국을 열 번쯤 돌았다.

서울 및 경기 지역은 케이블로, 다른 지역은 지역 지상파로 송출하려는 계획은 1년 만에 결실을 맺었다. 연속으로 이어진 크로스미디어 기획에서 탈북자 인권 문제를 다뤘고, 케이팝(K-pop)의 이면을 보도하기도 했다.

시간이 흐르면서 결국 마주한 것은 경제적 자립이었다. 저널리즘 측면에서 좋은 성과를 거두기도 했지만, 온라인을 통해 새로운 시도를 하겠다는 신념은 사라졌다. 투자금을 회수하기 위해 수익성 창출에 집중한 까닭이다. 우리 팀은 대형 다큐멘터리를 제작하는 독립 제작사 단계에서 성장을 멈췄다.

노컷뉴스를 이끌었던 민경중 선배는 제주총국으로 발령이 났다. 나는 의욕적으로 일했던 그가 좌천된 것이라고 여겼다. 제주도로 향하는 비행기에 몸을 실으며 나는 안타까움에 몸을 떨었다.

"왜 여기 계신 거예요? 누구보다 열심이셨는데 이게 무슨 일이죠?"

존경했던 선배는 대답했다.

"물 좋고 산 좋은 곳에서 쉬려고 온 거지, 뭐. 나는 만족하고 있으니 다른 말 할 필요는 전혀 없어. 아쉬운 건 하나야. 우리가 다시 손잡고 새롭게 도전할 날이 또 올까?"

선배는 웃으며 말했지만, 나는 그의 아픔을 훔쳐본 것 같아서 죄스러웠다.

돌이켜보니 우리는 언론계 후발 주자라는 콤플렉스를 극복하기 위해 좌충우돌했다. 덕분에 언론계에 남긴 부작용도 여럿이다. 포털을 적극 이용하려던 뉴스 유통 전략은 대형 포털 사이트의 권력을 강화시켰다.

스포츠신문이 독점했던 연예 뉴스를 온라인으로 옮겨 생산했는데, 소규모 연예 매체를 난립시키는 결과로 이어졌다. 속보를 강조한 전략 덕분에 언론사의 심층 보도 능력이 줄었다는 비판도 받았다. 무엇보다 기자들은 신문, 방송 본연의 업무 이외에 온라인 뉴스까지 만들어야 하는 과중한 업무에 시달리고 있다. 한때 공론의 장이라 불렸던 온라인 토론회는 자취를 감추고 말았다.

민 선배는 유배지에서도 쉬지 않았다. 그가 아름다운 섬에서 선교사의 발자취를 따라가는 '기독교 올레길'을 만들었다는 소식을 들었을 때, 나는 한참을 웃었다.

많은 시간이 흘렀다. 그는 정부의 주요 직책을 성공적으로 수행한 뒤 자연인으로 돌아왔다. 나는 사표를 내고 영국으로 갈 채비를 마쳤다. 우리는 오랜만에 홍대 인근에서 만났다.

그는 여전히 열정적이었다. 선배는 과거를 회상하기보다 앞으로의 계획에 골몰했다.

"소셜 네트워크(SNS)를 활용한 새로운 뉴스 서비스가 필요하지 않을까? 온라인 뉴스가 포털에 종속됐는데, 언론사 뉴스를 유료화하는 방법은 없을까? 네티즌들에게 필요한 뉴스의 핵심은 웃을 수 있는 '재미'일까? 돈으로 환산가능한 '정보'일까?"

나는 그의 정열적인 모습에 감탄했다.

"선배의 자신감이 항상 부러웠어요. 콤플렉스라고는 하나도 없는 분 같았거든요. 저는 작은 언론사 기자라고 무시했던 포털 때문에, 이를 악물었던 것뿐입니다. 그냥 한풀이한 거죠."

그는 대답했다.

"이 사람아, 나도 궁지에 몰렸으니까 최선을 다했던 거야. 일단 당신이 치고 나가 주니까 자신감도 생겼던 것이고. 함께 일했던 사람이 무슨 소리야?"

그러더니 말을 이었다.

"제주도에서 생활한 뒤 깨달은 게 뭔 줄 알아? 어깨에 힘 빼고 즐길 만큼만 도전하자는 거야. 지나치게 아등바등하면서 살 필요는 없어. 얻는 게 있으면 잃는 게 있는 것이고, 잃은 게 있으면 얻은 것도 있더라고. 그렇지 않아?"

"앞으로 어떻게 살아야 할까요? 외국에 갔다가 괜스레 상처만 받고 돌아오지 않을까요?"

"그러면 어때? 다른 사람 인생에 진심으로 관심 갖는 이는 없어. 그리고 당신, 콤플렉스가 주는 선물을 즐기라구. 자신의 약점을 아는 사람은 미리 현명한 대안을 준비할 수 있으니까."

나는 무릎을 쳤다. 그래, 콤플렉스는 굳이 극복할 대상이 아니다. 친구처럼 안고 살면서 종종 역설적인 에너지로 쓰면 그만이다. 이제 나의 삶에서 자주 접한 콤플렉스들을 마주할 용기가 생겼으니, 여전히 남아 있는 것들과 악수를 청해봐야겠다.

홍대 거리를 나오는데 어둠이 내렸다. 번쩍이는 도시의 야경을 구경하는 동안, 뜨거운 무엇이 속에서 치밀어 올랐다. 그것은 외국에 나가서도 잘 버틸 수 있으리라는 용기였다. 나는 두 팔을 벌려 기지개를 크게 켰다.

나의 모교, 다큐멘터리

나는 아직 다큐멘터리를 그리워한다. 가끔 꿈을 꾸기도 한다. 그것은 생생한 악몽인데, 내가 직접 겪었던 일들이다.

새벽 1시가 넘어가고 있다. 어른 키보다 높게 자란 수풀을 헤치며 나아가는 길, 나는 생의 마지막을 앞둔 환자처럼 끊임없이 중얼거렸다.

"하늘에는 별이 총총하다. 밝은 별빛에도 숲속은 캄캄하다. 인적을 허락하지 않는 산길은 한 치 앞을 헤아리기 힘들다."

중국과 라오스의 국경. 탈북자들과 동행하며 다큐멘터리를 제작하는 중이다. 카메라 감독과 함께 대열의 마지막에 섰다. 국경을 지키는 두 나라 군인의 감시를 피하려고 손전등도 켜지 않았다. 만약 붙잡히면 탈북자들은 북송될 것이고, 취재팀은 중국 감옥으로 직행하리라.

신문사의 고문변호사는 말했다.

"중국에서 체포될 경우, 회사는 취재팀의 존재를 부인할 겁니다. 외교 문제로 번질 수 있으니까요. 감옥에서 몇 년을 보내야 할 수도 있습니다. 각오는 되어 있겠죠?"

형언하기 힘든 공포가 밀려왔다. 나는 갑자기 신문 기사의 서두를 고민하기 시작했다. '어떻게 글을 써야 이 느낌을 전할 수 있을까?' 나는 엉뚱한 상상으로 정신을 흩트렸다. 그렇게 해서라도 두려움을 떨치고 싶었다.

카메라 감독의 이름은 한용호다. 쿠키뉴스 시절부터 몇 년 동안 동고동락한 사이다. 6밀리미터 카메라를 잡은 후배의 손은 물기로 흥건했다. 온몸에서 식은땀이 흘렀다. 우리는 굳이 말하지 않아도 알고 있었다. 많이 무서웠고, 그만큼 간절했다.

중국의 어느 시장에서 맥주를 나눠마신 적이 있었다. 나는 부탁했다.

"욕심내지 말자. 겸손하게 찍어보자."

용호는 대답 대신 고개를 끄덕였다.

숲길을 벗어나니 메콩강의 지류다. 나무들이 줄지어 쓰러진 좁은 강변을 따라 걸었다. 갑자기 폭이 넓어지는 구간. 일행은 차례로 강물 속에 몸을 담갔다. 겨우 탁류를 벗어날 무렵, 카메라 감독이 발을 헛딛고 말았다. 그는 비명도 지르지 못하고 강물에 휩쓸려 내려갔다. 국경에 투입된 취재팀에게 허락된 카메라는 단 한 대. 기록하지 못한 저널리스트는 존재가치가 없다.

나는 목청을 돋워 외쳤다.

"용호야, 카메라부터 살려야 해!"

순전히 회사의 지시 때문이었다. 뜬금없이 다큐멘터리를 연출하게 된 건 말이다. 그해는 유난히 비가 많이 내렸다. 서울 광화문, 어느 건물의 옥상에서 회사 임원의 전화를 받았다. 수화기 건너에서 그는 발랄하게 전했다.

"탈북자 인권 문제를 취재하고 다큐멘터리까지 제작해 봐. 당신이 직접 연출까지 하고."

대학 시절에 단편영화를 제작했다는 기록이 문제였다. 활자 언어와 영상 언어의 차이를 알지 못하는 고위직 선배는 강조했다.

"열심히 하면 안 되는 일이 어딨겠어? BBC에서 탐낼 만한 물건을 만들어 봐."

나는 손에 쥔 우산을 떨어뜨렸다. 하마터면 건물 밖으로 몸을 던질 뻔했다. 쏟아지는 비를 맞으며 한숨을 내쉬었다. 어둠이 짙어진 광화문의 야경이 구슬펐다.

고백하건대 탈북자 인권 문제를 알지 못했다. 아니, 관심조차 없었다. 탐사보도 지시를 받은 뒤 한참 동안 어리둥절했던 이유다.

"무리한 취재 아이템을 제시하는 건, 구조조정의 일환 아닐까?"

 머리를 디밀어 보겠다고 결심한 까닭은 바로 여기에 있었다. 어차피 쫓겨날 거라면 오기라도 있어야 했다. 사전 점검 회의에 들어가서 성공을 자신했는데, 그것은 사실이 아니었다. '너무 일찍 포기하기엔 부끄럽다.' 솔직한 속내였다.

 국제적인 관심을 받는 탈북자 문제를 새로운 시각으로 접근하려는 게 회사의 의도였다. 하지만 한참 뒤에 알았다. 열등감에 짓눌려 살아왔던 터였기에 나는 악다구니를 쓰며 숙제에 매달리기 시작했다. 용기가 없어서 도망친 기자, 아니 다큐멘터리 감독이라는 오명을 쓰고 싶진 않았다.

 탈북자를 만나기 위해 중국과 북한의 국경으로 갔다. 우연히 압록강을 떠다니는 북한 경비정을 마주할 기회를 잡았다. 군인들은 탈북자 출신의 브로커에게 마약을 옮겨주는 대신 금품을 받았다.

 뇌물인 중국산 오토바이를 경비정으로 옮기면서 취재팀은 전율했다. 연신 흐르는 땀 때문에 상반신은 폭삭 젖었다. 오래된 여름이었다. 북한 군인이 턱으로 우리를 가리키며 신분을 물었을 때, 브로커는 태연하게 거짓말을 했다.

 "조선족 동생이에요, 형님."

 나는 순진한 미소를 지었고, 군인은 누런 이를 드러내고 커다랗게 웃었다. 경비정은 의심하지 않고 뱃머리를 돌렸다. 카메라 감독은 몰래카메라로 모든 과정을 담았다. 두 다리가 부들부들 떨렸다. 첩보영화에서 보던 일을 내가 직접 하고 있다니. 왠지 모를 뿌듯함에 가슴이 콩닥거렸다. '이런 취재를 하려고 기자가 된 게 아닐까?' 나는 스스로에게 최면을 걸듯 다짐했다.

북한의 젊은 여성들은 정찰제로 팔렸다. 이른바 인간 시장. 젊은 나이일수록 비싼 값을 받았다. 나는 용기를 내서 인신매매 현장을 기웃거렸다. 한 달 동안 중국과 북한의 국경인 두만강 접경 마을에 숨어 지냈다. 어렵게 만난 브로커는 조선족이다. 그는 강 건너에 산다는 북한 브로커의 말을 전했다.
 "내일 저녁이면 올 테니까 미국 달러를 준비해 놓으랍디다."

약속은 어긋났다. 망원렌즈를 가지고 다니면서 북한 마을을 촬영했다. 그러다 중국 변방수비대에 붙잡힌 적도 있다. 안면을 트고 지내던 택시 기사는 수비대장의 친구다. 그의 도움으로 조사를 받기 직전에 풀려났다.
 "중국에선 꽌시(關係)가 중요해."라며 으쓱하는 택시 기사의 손에 꼬깃꼬깃한 지폐를 쥐어줬다. 나는 충혈된 눈으로 국경을 돌아다녔다. 용호는 그런 나를 보고 무섭다고 했다.

몇 달 뒤 계절이 바뀌었다. 마침내 인신매매 현장을 촬영하는 데 성공한 새벽. 미리 준비한 택시를 타고 숙소로 달렸다. 수은주는 영하를 가리키고 있었다. 나는 차량의 창문을 활짝 열었다. 칼바람이 무시무시한 굉음을 내면서 달려들었다. 그런데도 춥지 않았다. 오히려 시원했다.

나와 용호는 낄낄대며 서로를 쳐다보면서 웃었다. 둘 다 제정신이 아니었다. 숙소에 도착해 한국에서 가져온 컵라면을 먹었다. 생각해 보니 최근 며칠 동안 밥을 먹지 못했다. 우리는 조금씩 미쳐가고 있었다. 그만큼 애절했던 탓이다.

데스크를 담당한 선배는 걱정하며 말했다.

"너무 무리하지 마라. 그러다 큰 사고 난다."

나는 짐짓 화를 내며 답했다.

"특종이 코앞에 널려 있어요. 이걸 전부 건지지 못하면 외국 방송국에서 편성해주겠어요?"

탈북자 취재에 열광했던 데는 또 다른 이유도 있었다. 영악했던 사람도 치명적인 위험 앞에 서면 겸허해졌다. 국경 앞에서 만나는 순진무구함, 나는 그게 좋았다.

첫 밀입국은 중국에서 라오스였다. 국경을 지키는 군인들의 눈을 피해 열여덟 시간을 걸었다. 마약이 오가는 골든 트라이앵글 지역을 지나면서 나는 두려움에 떨었다. 동행한 탈북자들은 스무 살 남짓한 소녀들. 어른 키보다 높게 자란 수풀은 일행을 가로막았다. 참을 수 없는 갈증은 메콩강 지류의 강물로 달

랬다. 라오스 태생의 브로커가 기겁했지만 어쩔 수 없었다.

나는 군대에서 경험한 행군을 기억했다. 누군가는 분명 낙오할 것이다. 산길을 넘는데 갑자기 비가 내렸다. 예상대로 한 명이 낙오했다. 그건 바로 감독인 나였다.

"취재진은 잡혀도 북송되지 않으니 먼저 가세요."

우리가 손짓했을 때, 탈북자들은 한 명씩 순번을 정해 나의 등짐을 대신 걸머지고 걸었다.

같은 동포를 버리고 갈 수 없다고 그들은 말했다. 나는 감사의 눈물을 흘렸다. 탈북 여성들의 호의 덕분에 감옥에 가지 않았다.

치명적 위험을 벗어나는 순간에 느끼는 쾌감도 컸다. 밀항선으로 중국을 빠져나오는 탈북자들을 따라다닌 적도 있다. 취재를 위해 항구를 떠나는데 풍랑주의보가 떨어졌다. 공해로 나가니 말로만 듣던 커다란 파도가 배를 덮쳤다. 파도에 부딪힌 선박은 사정없이 흔들렸다. 삐거덕거리는 파열음을 들으며, 당장이라도 난파할 것 같은 공포를 느꼈다.

취재진은 뱃머리에 간신히 서 있었다. 시퍼런 색을 띤 거대한 파도 한 번, 배가 기울어지면서 보이는 푸르른 하늘 한 번, 몸이 뒤집어지면서 보이는 풍경도 한 번씩 바뀌었다. 살아서 돌아가면 좋겠다고 생각했다. 사흘 만에 항구에 돌아왔다. 묘사하기 힘든 쾌감에 몸을 떨었다.

탈북자 취재 기간은 1년에서 10년으로 늘었다. 2007년에 시작한 다큐멘터리 제작은 2018년까지 계속됐다. 나는 작품을 만들면서 조금씩 성장했다. 인간으로서, 감독으로서.

처음엔 특종에 대한 욕망으로 뜨거웠다. 간절함은 무모함으로 바뀌었다. 카메라 감독은 나를 보고 정신이 나갔다고 불평하기도 했다. 자극적인 영상을 담기 위해, 특종으로 보이는 팩트들을 긁어모으기 위해, 성공했다는 평가를 받기 위해, 위험천만한 일에 몸을 던졌던 탓이다.

흐르는 시간은 나를 가르쳤다. 당연한 인권을 누리기 위해 생명을 거는 이들을 보면서, 자신을 돌아보게 됐다. UN 난민협약의 혜택을 누리지 못하는 사람들. 그들을 위해 무엇을 할 수 있을지 걱정했다. 한반도라는 지정학적 위치 때문에 탄생한 탈북자 문제를 세상에 널리 알릴 방법도 고민했다.

나는 치열하게 탈북자 인권 문제를 공부했으며, 그것을 해결하기 위해 노력하게 됐다. 중년을 바라보는 나이지만, 그 과정을 통해 몸과 마음이 부쩍 자랐다. 탈북 다큐멘터리는 내게 있어 학교와 같았다.

탈북 다큐멘터리 시리즈를 마칠 즈음, 특별한 기회를 얻었다. 조선일보 창사 90주년을 맞아 비무장지대(DMZ) 내부를 취재하고 다큐멘터리를 만드는 작업이다. 한국전쟁 이후 아무도 들어가지 못한 금단의 땅, 그곳을 카메라에 담고 글로 묘사하는 건 매력적인 일이다. 우리 팀은 이번에도 중책을 맡으리라는 기대감에 들떴다.

하지만 회사는 중요한 탐사보도 기회를 같은 팀에 몰아주는 데 부담을 느꼈다. 기회는 균등해야 했다. 나는 크게 실망했다. 탈북 다큐멘터리 제작으로 경험을 쌓은 팀원들 상당수가 비무장지대 특별취재팀으로 자리를 옮겼다는 소식까지 들으면서 서러움에 북받쳤다.

처음으로 무료함에 시달렸다. 어느 주말, 만화방에서 TV를 보고 있었다. 예능 프로그램에서 갓 스물이 된 아이돌이 조금도 빈틈없는 대화를 하고 있었다. 나는 고개를 갸웃거렸다.

"스물이면 인간으로서 아직 성숙하지 못한 나이 아닌가?"

문득 궁금했다. 아이돌이 어떻게 선발되고, 어떻게 교육을 받으며, 어떻게 탄생해서, 마침내 어떻게 명멸하는지 추적하고 싶었다. 싸이(Psy)의 〈강남스타일〉이 글로벌 히트를 기록하기 전이다. 주변에서는 말렸다.

"음악 전문 채널에서 여러 번 시도한 아이템이야. 고집부리지 말고 포기해."

반대에 익숙한 감독인 나는 신인 걸 그룹을 섭외하기 위해 엔터테인먼트 회사들을 돌아다녔다. 슬픔은 사라지고 새로운 아이템을 만났다는 환희에 들떴다. 어차피 할 일도 없었다.

스타제국 엔터테인먼트가 준비하는 나인뮤지스를 만난 건 2010년의 봄이다. 기획사의 사장은 촬영을 허락하는 대신, 한 가지 조건을 걸었다.

"로드매니저를 하면서 다큐멘터리를 만드세요. 매니저의 눈으로 바라보면 아티스트에 대한 애정이 생길 겁니다."

소속 연예인을 함부로 깎아내리지 못하게 하려는 묘안이었다. 나는 조금의 망설임도 없이 도장을 찍었다. 금단으로 향하는 또 다른 문, 그것이 활짝 열렸다.

연습실로 들어갔다. 나이 어린 미녀 군단이 기다리고 있었다. 그들은 적게는 1~2년, 많게는 7~8년의 연습생 시절을 견딘 승리자들. 하지만 나인뮤지스라는 이름과 달리, 열한 명의 소녀들이 구슬땀을 흘리고 있었다. 눈치 빠른 사장이 설명했다.

"데뷔 직전까지 치열하게 경쟁해서 살아남은 멤버만 무대에 서는 겁니다."

서슬 퍼런 기세에 나는 몸을 떨었다. 어둠이 가득한 국경만 무서운 게 아니었다. 향수 내음 가득한 연습실에도 살기는 넘실거렸다. 매니저들 역시 냉혹했다. 안무가는 군무를 추는 멤버들의 손목 각도까지 체크했다. 카메라 앞에서 혼쭐이 난 멤버는 얼굴을 붉혔다. 그녀는 결국 후미진 곳을 찾아 몰래 눈물을 훔쳤다.

류세라는 그룹의 리더다. 그녀는 캐나다에서 자랐다. 가수가 되겠다는 열망으로 한국에 돌아왔다. 다큐멘터리 제작팀의 등장에 리더는 생각이 많은 듯 보였다. 기획사 건물 앞에는 대형 파라솔을 갖춘 테이블과 의자가 놓였다. 우리는 마주 앉았다. 세라는 팔짱을 끼고 물었다.

"대체 뭘 찍고 싶은 건가요?"

당돌한 질문에 적잖이 당황했다. 만만한 상대가 아니기에, 나는 잠시 고민하고 대답했다.

"한국판 '드림걸즈(Dreamgirls)'를 만드는 게 목표예요."

두 사람 주위로 멤버들이 모였다. 질문과 대답은 이어졌다.

"우리 현실은 만만치 않아요. 모든 순간이 경쟁이거든요."

"잘 관찰하겠습니다."

"데뷔를 방해하지 말아 주세요. 우리는 정말 간절해요."

"간절하긴 저도 마찬가지예요."

탈북 다큐멘터리와 달리, 회사의 지원은 시원하지 않았다. 촬영을 시작하고 3개월 만에 제작비를 소진했다. 경륜 많은 카메라 감독은 동생 같은 연출자를 다독였다. "조금만 더 가봅시다." 나는 대출을 받아서라도 그의 수고로움을 보상하고 싶었다.

아이돌 그룹이 탄생하기까지 얼마나 많은 산고를 겪는지 우리는 빠짐없이 기록하기 시작했다. 다이어트를 위해 멤버들은 음식에 손조차 대지 않았다. 살이 찌지 않는 체질은 세상에 존재하지 않았다. 데뷔 직전, 정규 멤버를 발표하는 날, 분위기는 무거웠다. 기다림은 길고 발표는 짧았다. 선택된 이들은 뮤직비디오 촬영을 위해 떠났다. 연습실에 남은 탈락 멤버들은 많은 눈물을 뿌렸다.

 나인뮤지스의 데뷔 성적은 처참했다. 팬들의 질타가 이어졌는데, 기획사는 분위기 쇄신을 위해 리더를 교체하기로 했다. 당당했던 세라도 울음을 터뜨렸다.
 신인 아이돌 그룹에서 리더는 스타로 가는 지름길이다. 값비싼 티켓을 잃은 세라는 연습실을 벗어나지 못했다. 새벽을 지나고 태양이 떠오르고 있었다. 그녀는 창밖을 물끄러미 바라보다가 말했다.
 "엄마가 보고 싶어요."
 나는 어린 시절의 내 모습을 떠올렸다. 매사에 열등감이 많고, 작은 상처에도 아파했던 아이. 성장통은 모든 인간에게 공통이라는 당연한 사실이 끔찍했다. 숨기고 싶었던 도플갱어를 만난 기분에 현기증이 났다.

 매니저들한테도 아픔은 있었다. 사장은 신인 아이돌을 키우기 위해 투자자로부터 많은 돈을 빌렸다. 원금을 갚지 못하면 법적 책임을 져야 할 것이다. 멤버들 앞에서 강압적인 매니저들, 그들은 담당 걸 그룹이 무너지는 과정에 숨조차 쉬지 못했다. 어느 매니저는 고백했다.

"이 바닥에 들어와서 개인사를 챙겨본 적 없습니다. 스타 지망생들한테 베푼 것의 10분의 1만 어머님께 바쳤어도… 분명히 효자 소리를 들었을 거예요."

가해자가 불분명한 쇼비즈니스 시장. 하지만 피해자는 넘쳐났다. 요지경 세상이 따로 없었다.

성공 가도에서 이탈한 나인뮤지스는 전국을 떠돌아야 했다. 지방 행사를 뛰면서 수익을 내야 했기 때문이다. 이른 새벽, 소녀들은 졸면서 화장을 했고, 곧바로 차에 태워져 어디론가 향했다. 차에서 내리면 노래를 부르고 춤을 췄다. 다시 승합차 안에서 잠을 청했다. 다음 날 새벽이 되어서야 일과를 마쳤다. 하지만 잠시 휴식을 취한 뒤 또 다른 공연장으로 끌려갔다.

일 년은 쏜살같이 지났다. 나의 사랑하는 아이돌은 정상급 가수가 되지 못했다. 같은 소속사의 선배 걸 그룹이 연말 시상식에서 트로피를 받는 동안, 그들은 작은 지방 행사에서 마이크를 잡았다. 다큐멘터리 제작팀이 해체하는 날, 나는 멤버들의 운동화를 샀다.

"가끔은 하이힐에서 내려와서 편하게 쉬길 바랍니다."

감독의 선물을 받은 소녀들은 여기저기서 울었다. 그 이유는 굳이 설명하지 않아도 알고 있었다. 그래서 나도 눈물을 삼켰다.

다큐멘터리 영화가 완성됐다. 세라는 자의 반, 타의 반으로 아이돌 그룹에서 쫓겨났다. 작품을 따로 보여주겠다고 제안했을 때, 그녀는 고개를 저었다. 지난 과거를 들추고 싶지 않다고 했다. 하지만 며칠 뒤, 세라와 나는 같은 시사실에 앉았다. 다큐멘터리를 보는 내내 세라는 울었다.
"'드림걸즈'를 찍으신다더니 거짓말을 하셨네요?"
"……."
"감독님, 그래도 고마워요. 소중한 시절을 기록으로 남겨주셔서…"
"……."
다큐멘터리 감독은 주인공을 닮아가는 법이다. 그날 저녁, 집에서 샤워를 하다 참았던 울음을 터뜨렸다. 세상의 그 어떤 평가보다, 주인공의 칭찬만큼 초보 감독의 마음을 뒤흔든 것은 없었다.

한국을 떠나 영국으로 온 것은 작품을 발표하고 11년이 지난 다음이다. 세라에게서 국제전화가 걸려 왔다. 전화 건너에서 세라는 밝은 표정을 지었다.
"감독님, 저… 다음 달에 결혼해요."

환호성을 지르는 은퇴 감독에게 그녀는 웃으며 말했다.
"청첩장을 받은 사람 가운데, 감독님이 가장 기뻐한 분이세요."

이번에도 〈9 Muses of Star Empire〉라는 다큐멘터리를 통해 성장했다. 내가 직접 보고 겪은 케이팝 비즈니스의 현실을 타개할 방법은 무엇인지 자주 생각했다. 어린 연습생과 젊은 매니저들의 인권에 대해 종종 언급했고, '지속 가능한 한류란 무엇인가?'를 화두로 고민했다.

아시아의 재능들을 찾아서 케이컬처(K-culture)를 가르치는 '새로운 학교'를 꿈꾸게 됐는데, 모두 연습실에서 만난 친구들 덕분이다. 참으로 감사한 일이다.

탈북 다큐멘터리와 케이팝 다큐멘터리를 제작하는 동안, 시간은 빠르게 흘렀다. 나는 두 다큐멘터리를 통해 많은 것을 얻었다. '한국기자상', '한국신문상', '아시아인권언론상' 등 과분한 상복을 누렸다.

BBC, NHK 등 해외방송사와 공동 제작 기회도 얻었다. 세계 최고의 다큐멘터리 영화제로 불리는 IDFA(International Documentary Film Festival Amsterdam) 경쟁부문에 초청됐다. 미국 에미상에 세 차례 노미네이트됐으며, 모나코 몬테카를로 TV 페스티벌에서 골든 님프를 받았다. 드라마 집필을 제안받게 됐는데, 다큐멘터리를 통해 실적을 쌓지 않았으면 상상조차 못 했을 일이다.

나는 기록 영화에서만큼은 자신감에 충만했다. 감독을 돕는 유능한 스태프들이 없어도, 충분히 성공할 것이라는 생각에 미쳤다. 〈굿 비즈니스(A Good Business)〉를 그렇게 시작했다.

목표는 탈북자 구호 시스템을 카메라에 담는 것이다. 이번에도 많은 이들이 반대했는데, 영상 언어로 설명하기엔 벅차다는 게 요지다. 나는 생각했다.

"반대가 많은 걸 보니, 이번에도 성공하겠구나."

기획을 시작하고 5년 만에 다큐멘터리를 완성했다. 퇴직금을 미리 정산해서 제작비에 투자할 만큼 나는 간절했다. 달라진 것은 단 한 가지, 넘치는 자신감이었다.

이전 다큐멘터리 작업에서 나는 모자람을 알고 배울 자세를 취했다. 하지만 이번에는 달랐다. 다큐멘터리의 주제는 특별했고, 경력을 검증받은 연출자라는 믿음도 있었다.

난민 구호사업의 실체를 영상으로 담으면서, 나는 아주 가끔 불안했다. 감독의 판단으로도 추상적인 주제가 영상으로 제대로 담기지 않았던 탓이다. 하지만 나는 애써 현실을 외면했다.

〈굿 비즈니스〉는 2018년 전주국제영화제에서 첫선을 보였다. 그해 영화제의 공식 포스터에 활용될 만큼 기대작이었다.

관객들의 이어지는 질문을 들으면서 나는 성공을 확신했다. 동일한 주제를 담은 다큐멘터리 영화는 아직 없었다.

하지만 거기까지였다. 실망스러운 평가가 여기저기서 이어졌다. 개인적인 비극도 있었다. 다큐멘터리를 마무리하던 시기, 아버지께서 돌아가셨다. 카메라를 싣고 어느 고속도로를 달리느라 임종을 지키지 못했다. 안타까워하는 아내한테 나는 이렇게 말했다.

"〈굿 비즈니스〉는 반드시 크게 성공할 거야. 세계 여러 영화제에서 초청할 것이고, 미국 아카데미상에도 도전해야지."

상주의 엉뚱한 대답에 당혹스러워하던 아내의 표정을 잊을 수 없다. 성공에 대한 야망, 과도한 자신감에 사로잡힌 감독은 장례식장에서 최소한의 예의조차 잊었다.

탈북 다큐멘터리를 찍으면서 욕망에 사로잡힌 적이 있다. 당시 카메라 감독인 용호는 내게 여러 번 경고했다. 초심자라는 일깨움 덕분에 위기에서 벗어났는데, 나는 여전히 풋내기에 머물렀던 셈이다.

〈굿 비즈니스〉를 마지막으로 다큐멘터리와 절연했다. 스스로를 돌아볼 시간이 필요했다. 한참 뒤, 대학교 강단에 선 나는 입버릇처럼 말했다.

"다큐멘터리는 자존심과 같습니다."

사실이었다. 나에게 다큐멘터리는 다른 이름의 학교였으

니까.

새로운 주제를 만나고 현실을 기록하면서 뜨겁게 고민했다. 책이 아닌 현실과 부딪히면서, 감독이라고 불리는 학생은 자랐다. 그 과정에서 깨우친 게 간절함의 미덕이다.

다큐멘터리를 통해 성공하고 싶다는 간절함은 초보 감독에게 많은 영광을 선물했다. 하지만 한 가지 잊은 게 있었다. 간절함만으로는 부족했다. 겸손함을 갖추지 않은 간절함은 방종으로 흘렀고, 청중을 설득하는데 실패한 작품을 낳고 말았다.

영국 옥스퍼드에는 잎이 무성한 나무가 그득하다. 온갖 새소리가 사방에서 들린다. 자연이 내게 속삭이는 것 같다. 끝없이 이어진 오솔길을 걸으면서 나는 상념에 빠진다.

'인생도, 다큐멘터리도 겸손을 배워가는 과정 아닐까?'

삶에 대한 겸손함이 충만해지면, 다시 다큐멘터리에 도전하겠다. 새로운 주제를 만나 흥겨워할 것이며, 영상 언어로 담으면서 괴로워할 것이며, 그 과정을 마무리하면서 성장할 것이다.

나에게 다큐멘터리는 그리운 모교다. 그래서 간절하게 돌아가고 싶다.

언젠가, 반드시 다시 만날 거라고 나는 믿는다.

이별의 두 얼굴

'째깍, 째깍!'

벽에 걸린 시계가 정각을 향해 움직였다. 나는 침을 꼴깍 삼켰다. 휴대폰으로 이메일의 수신함을 조심스럽게 열었다. 손끝이 미세하게 떨렸다.

잠시 후면 오전 6시. 어젯밤, 한숨도 자지 못했다. 시청률 조사기관에서 성적표를 보낼 시간이다. 각 방송국의 프로그램을 평가한 시청률은 소수점 이하까지 집계한 숫자들의 모음이다. 시청률 조사 장치는 전국에서 무작위로 선발된 가구의 TV 수상기에 부착된다고 들었다. 나는 가끔 그들의 명단과 연락처를 훔치고 싶다는 열망에 시달리곤 했다.

누가 방송국 PD라는 직업을 꿈의 그것이라고 정의했던가? 자유롭게 프로그램을 기획하고, 만나고 싶은 셀럽들과 같이 작업하고, 우리 사회의 새로운 트렌드를 만들고. 하지만 그런 상상은 책에서나 가능한 일이었다. 내가 겪은 PD는 시청률에 꽁 꽁 묶인 채, 대중의 취향에서 한 걸음도 나아가기 힘든 창작자에 불과했다.

이메일이 도착했다는 알람 소리가 울렸다. 나는 포커 칩을 매만지는 도박꾼의 심정으로 숨을 죽였다. 시청률이 '0'으로 시작하면 지옥 같은 한 주를 보내야 한다. 1이나 2로 시작하면 그나마 나은 편이고, 3으로 시작하는 시청률은 행복한 시간을 보장할 것이다.

하지만 오늘은 특별했다. 내가 CP(Chief Producer)를 맡고 있는 프로그램, 〈배낭 속에 인문학〉의 생존 여부가 달려있기 때문이다. 제작본부장은 경고했다.

"수도권 시청률이 2%를 넘지 못하면 바로 폐방이다. 〈미스트롯〉 재방송을 걸어도 최소한 5%는 넘어."

시청률은 PD의 인격이다. 나는 본부장의 말에 아무런 저항도 하지 못했다.

결과는 1.8%. 맥이 풀리는 것도 잠시, 여기저기서 문자가 들어오기 시작했다.

"PD님, 폐지 확정인가요?"

"주말에 출발하는 제작팀 스케줄을 취소할까요?"

한숨이 새어 나왔다. 프로그램이 없어지면 제작팀도 해산이다. 당연한 일이다. 일 년 가까이 '가족'보다 가까웠던 이들은 당장 내일부터 아무 사이도 아닌 '남'이 될 테다. 나는 생각했다.

"예능 PD면 남을 웃기는 직업인데, 울고 싶은 날이 더 많구나."

방송국은 내가 아는 한, 세상에서 가장 이별에 익숙한 곳이다. '잘 만나는 것'도 어렵지만, '잘 헤어지는 것'이 더욱 소중한 조직. 하지만 내게 이별이란 단어는 도저히 익숙해지지 않았다. 날카로운 가시가 심장을 찔러오는 느낌에 움찔거렸다.

출근 준비를 하는 대신 침대에서 한참을 뒹굴었다. 그러다 문득, 오래전에 겪은 이별의 아픔을 기억했다.

서울역.

내 인생의 첫 번째 이별을 맞이한 곳이다. 일곱 살에 맛본 이별은 쓰라리고 아팠다. 나는 사업에 실패한 어머니와 아버지 대신 할머니 슬하에서 자랐다. 이웃들은 외손자를 쓰다듬는 할머니에게 늦둥이를 봤다며, 놀리곤 했다. 맏딸이 낳은 아들을 애지중지했던 그녀는 아이가 걷는 것조차 안타까웠다.

유치원에 입학한 다음에도 매일 업고 다녔던 분이다. 할머니께서 하원 시간에 맞춰서 오지 못한 날, 나는 두 발을 동동 구르다 못해 마침내 그 자리에 주저앉았다. 그런 할머니와 떨어져 사는 건 상상조차 하지 못했다.

초등학교 입학 직후, 부모님은 더 이상 외아들을 외가에 맡겨 놓을 수 없다고 판단했다. 서울을 떠나 부산으로 가야 한다는 통보를 받았는데 하늘이 노랗게 보일 수 있다는 걸 난생처음 알았다. 일주일 동안 깊이 잠들지 못했다. 결국 어린 시절의 나는 할머니의 품으로 파고들며 부탁했다.

"할머니랑 계속 살면 안 되나요?"

내 얼굴 위로 쏟아지는 눈물을 닦아 주며 할머니는 말했다.

"어미, 아비 손에 커야 사람이 되는 거란다."

나는 울음을 터뜨리며 발버둥을 쳤다. 그녀의 거절 사유를 이해하기 어려웠기 때문이다.

그해 겨울, 유난히 많은 눈이 내렸다.

서울역에도 하얀 눈이 소복하게 쌓였다. 여덟 시간 넘게 걸린다는 부산행 열차는 제시간에 출발했다. 차창 밖으로 멀어지는 할머니의 모습을 보면서 나는 결심했다.

"두 번 다시, 내가 원하지 않는 이별을 하지 않겠다."

물론 그 결심은 지켜지지 않았다. 수많은 이별 가운데 내가 스스로 선택한 것은 극히 드물었으니까.

부산에 도착한 뒤 아주 오랫동안 할머니를 그리워했다. 홀로 남겨진 시간이면 골똘히 생각에 잠겼다. 이별의 순간을 복기하기 위함이었다. 그랬더니 한 가지 의문이 꼬리에 꼬리를 물고 매달리기 시작했다.

"나는 모든 걸 잃은 것처럼 아팠는데 과연 할머니는 어떤 마음이었을까?"

궁금함으로 온몸이 간질간질했지만, 그 질문을 차마 하지 못했다. 예상하지 못한 답변으로 상처를 받을까 봐 두려웠다.

신문에서 방송으로 옮긴 건, 회사의 결단 때문이었다.

탈북과 케이팝 소재의 다큐멘터리를 연출하는 동안, 신문사는 방송국을 소유하게 됐다. 경영진은 신문과 방송을 융합하는 대신 철저하게 나눠서 운영키로 했다. 통합을 위한 다양한 실험을 하고 연달아 실패한 다음이었다.

나는 예상하지 못한 일련의 사건들로 사내에서 존재 가치를 잃었다. 크로스미디어 팀도 문을 닫았다. 선배는 조언했다.

"송충이는 솔잎을 먹어야 해. 눈 딱 감고 신문사 편집국으로 돌아와라. 네가 있을 자리는 바로 여기야."

나는 돌아가신 김종학 감독님을 떠올렸다.

다큐멘터리를 제작하면서 영상 언어를 제대로 배우고 싶다는 갈망에 시달린 적이 많았다. 남들과 다른 독특한 연출법을 연마하고 싶었는데, 결코 학교와 책에서 다루지 않는 과목이었다.

마침, 회사는 종합편성채널을 출범하고 첫 드라마를 제작했다. 과감한 투자에도 불구하고 결과는 처참했다. 드라마를 배울 기자를 공모했는데 신문의 눈으로 방송을 이해하려는 시도였다. 나는 이번에도 주저하지 않고 손을 들었다. 대한민국 최고의 드라마 거장 밑에서 수련받을 기회를 그렇게 얻었다. 이른바 늙은 조연출이 된 셈이다.

드라마 조연출 생활은 수습기자 못지않았다. 힘겨운 방송 연수 이후, 영상 언어에 익숙해졌다고 기꺼워했는데, 다시 활자 언어의 세계로 돌아갈 순 없었다. 나는 미안함에 차마 눈도 들지 못하고 선배에게 답했다.
"언제나처럼… 바보 같은 결정을 하겠습니다."
신문사 편집국 기자에서 방송국 제작본부 PD로 간 저널리스트. 적어도 내가 속한 회사에서는 처음이었다.

방송국 PD 생활은 상상한 것과 달랐다. 일 년 넘게 탐사보도를 한 뒤 신문 기사와 글로벌 다큐멘터리를 내놓는 작업과, 매주 새로운 프로그램을 만들고 평가를 반복해 받는 일은 극단적으로 다른 직업이었다.
종합편성채널은 시청률과 인지도 면에서 전성기를 구가하고 있었다. 트로트 관련 프로그램으로 새로운 트렌드를 만드는 데 성공한 탓이다. 수도권 시청률이 35%에 육박했는데, 다채널 환경에서는 예상하지 못한 결과였다. 자연스럽게 임원들의 기준도 높아졌다. 2~3% 시청률에 만족했던 이들은 이제 5%를 마지노선으로 잡았다.

어느 늦은 저녁에 제작본부장의 전화를 받았다.
"교양 프로그램 같기도 하고, 예능 프로그램 같기도 한… 하이브리드한데 재밌는 프로그램 없을까?"
제작본부장은 스타 PD 출신이다. 그는 방송국 브랜드 가치를 높이는 동시에, 시청률도 보장하는 프로그램을 원했다. 다른 채널에서 〈알쓸신잡〉이라는 프로그램이 곧 론칭한다는 풍문이 떠돌았다.
명망 높은 귀족들의 오랜 교육 방식을 들은 바 있다. 그들은 자녀에게 개인 교사를 붙여서 유럽 전역을 돌아다니게 했다. 바로 그랜드투어(Grand Tour)다. 17세기부터 19세기 초까지 유행했다는 상류층의 교육법을 현대의 TV로 가져오면 어떨까? 〈배낭 속에 인문학〉은 그렇게 탄생했다.
〈세계테마기행〉 팀을 찾아가서 새로운 기획안을 설명하고, 우리만의 제작진을 꾸렸다. 프로그램 이름은 아내가 지었다. 작가들과 머리를 싸매도 결론을 내지 못했는데, 아내는 연습장에 뭔가를 긁적이다가 불쑥 내밀었다.
"이거 어때?"

긴급하게 기획한 프로그램이었다. 당연히 해결하지 못한 난제가 따라왔다. 여러 나라를 돌아다니며 촬영하다 보니, 고정

출연자를 구하기 힘들었던 것. 제작진은 누구나 존경할 만한 선생님을 찾아다녔다. 하지만 쉽지 않았다.

부산에서 큰별 선생님을 만난 건 한참 뒤의 일이다. 그의 이름은 최태성이다. 담당 작가는 직접 만남을 추천했다.

"교단을 떠난 지 오래지만, 공교육을 위해 사적 이익을 포기한 분이세요."

정말 그런 사람이 존재한다고? 나는 말없이 촬영 현장을 돌아다니며 관찰했다. 한국전쟁 당시 임시수도의 역사를 되짚는 편. 피난민이 많아서 무덤 위에 집을 지었다는 산동네에서, 선생님은 열정적으로 방송에 임했다. 해가 거뭇하게 지고 있었다.

"대한민국은 전쟁의 폐허를 딛고 부활한 나라예요. 현대사에서 우리 같은 국가를 찾기 힘들어요. 한국인들은 참으로 대단하죠? 그 힘은 교육에서 왔다고 저는 믿습니다. 남들 웃기는 방송도 좋지만, 함께 고민할 프로그램이 필요합니다."

그날 저녁은 행복했다. 드디어 제작진이 존경할 수 있는, 게다가 시청률도 잡을 수 있는 출연자를 찾았으니까. 최 선생님 역시 다른 모든 일정을 취소하고 우리 프로그램에 집중하기로 결정했다.

그런데 폐방이라니….

옆 팀에서는 시청률 30%를 매주 기록하고 있는데, 겨우 2%

를 넘기지 못해서 문을 닫는 상황, 나는 무거운 책임감을 느꼈다. 선생님께 이 사실을 어떻게 알려야 할지 머리가 지끈거렸다. 갑작스러운 이별 앞에서, 보내는 사람의 위치에 선 나는 오래전에 만난 김용택 선생님을 생각했다.

김용택 시인은 섬진강 시인이다.
2008년 여름, 그는 초등학교 선생님으로서 마지막 수업을 진행하고 있었다. 감동적인 시간을 함께했던 나는 그날을 꼼꼼하게 기억할 수 있다.
김 시인은 정성스럽게 어린아이들한테 작별을 고했다. 교실 밖에선 새가 울었고, 꽃은 바람에 흔들렸다. 열두 명의 아이는 눈망울을 굴리며 귀를 기울였다.
"우리 대길이 아버지도, 민수 아버지도, 성민이 아버지도 내가 가르쳤다."
부모님 이야기가 나오자, 아이들은 무엇이 좋은지 '까르르, 까르르' 소리를 내며 웃었다. 교실은 따스한 햇살과 찬란한 웃음으로 출렁거렸다.
"내가 니네를 생각하면서 동시집을 만들었단다. 그 책을 선물로 주고 갈란다."
선생님이자 시인은 아이들 한 명 한 명의 이름을 불러 앞으로 나오게 했다. 동시집을 열고 당부의 말을 썼다.
"주희야, 소희야. 할매 잘 모시고 잘 살아야 한다."

"성민아, 큰 강과 큰 산 같은 사람이 돼라."

그는 각자 필요한 글귀를 써놓은 뒤 아이들을 껴안았다.

"내가 말여, 니들하고 있는 동안 너무나 행복했다. 고맙다."

아이들은 그의 품에 포근하게 안겼다. 김 시인의 평정심이 무너진 것은 어린 제자들이 전해준 이별의 편지 덕분이었다. 그는 "안녕히 계세요."라고 말하는 아이들 앞에서 차마 얼굴을 들지 못했다.

어스름이 지고 학교를 나서는 길, 그는 여러 차례 뒤돌아 교정을 바라보느라 발길을 멈췄다. 시인의 모습이 안타까워서 슬그머니 다가갔다. 그는 당시 신문기자인 내게 조용히 말했다.

"집에 가서 아내랑 둘이서 아이들 편지를 읽어볼랍니다. 눈물이 많이 나겠지요?"

교문을 나서는 시인의 뒷모습이 쓸쓸했다. 그의 마지막 수업을 지켜보다 나는 온몸에 힘이 풀렸다. 그러다 결국 울음을 터뜨리고 말았다. 보내는 자의 아픔을 이해했기 때문이다.

내 사랑하는 할머니는 지난 2019년, 천국으로 먼저 가셨다.

신문기자로 일하면서 보내는 자의 마음을 깨닫게 됐고, 방송국 PD가 되어서 이별의 두 얼굴을 배우게 됐다. 모든 이별은 양쪽 모두에게 서러운 법이다. 떠나는 자와 보내는 자, 모두 피눈물을 뿌려야 했으니까.

사랑하는 이가 떠난 뒤에야, 할머니의 애달픈 마음을 이해했으니 참으로 어리석은 일이다.

방송국에 들어와서 실험적인 프로그램에 자주 도전했다. 〈이 사야사〉는 부동산 예능이다. 부동산을 돈으로 파악하지 않고, 이웃과 쌓은 정으로 정의하려고 했다. 〈짝〉을 만든 제작팀과 일했지만, 프로그램은 장수하지 못했다.

〈끝까지 간다〉는 다큐테인먼트를 표방했다. 다큐멘터리와 예능을 결합하고 외국에서 수상까지 했건만, 수명은 길지 않았다.

방송 PD로서 경험한 수많은 이별은 나의 무모한 도전에 기인한 바 크다. 그것은 프로그램을 담당한 CP의 책임이다. 나는 이 자리를 빌려 고백하고 싶다.

무능한 PD와 함께 해준, 고마운 그들에게 고개 숙여 깊은 감사와 사과를 전한다.

예능 프로그램에 출연한 최태성 선생님을 글로벌 OTT에서 만났다. 최근의 일이다. 나는 참지 못하고 문자를 보냈다.

"선생님, 세계사 프로젝트를 진행하지 못해서 얼마나 후회했는지 모릅니다. 멀리 있지만 항상 응원하겠습니다."

다음 날, 기대하지 않았던 답장이 도착했다.

"각자의 위치에서 각자의 일을 하다 보면, 시대를 관통하는 정신과 다시 만나지 않을까요? 그때 같이 갑시다."

나는 선생님의 글이 따스해서 지금도 간직하고 다닌다.
이별은 상반된 얼굴을 가지고 있다. 그것은 역지사지(易地思之)의 지혜에 따른 것이다. 귀한 사실을 알려준 예능 프로그램에 깊은 감사를 드린다. 제자 사랑을 시로 표현하고, 떠나는 이의 아픔을 고스란히 드러낸 김용택 시인께 고개를 숙인다. 나로 인해 평생을 아파하다 멀리 떠난 할머님께 사랑을 전한다.

옥스퍼드에 바람이 분다.
대학교 첨탑에 머문 그것은 처웰 강(River Cherwell)을 타고 강의실로 들어와 세상살이에 지친 이들을 감싸고 토닥인다. 저 따스한 바람이 오늘도 이별로 인해 아파하는 많은 이들에게 닿길 바란다.

학생 없는 선생

소슬한 비가 내린다. 아침까지만 해도 말갛던 하늘이다. 갑작스러운 소나기에도 학생들은 우산조차 꺼내지 않는다. 잠시 피하고 나면 다시 화사한 햇살이 얼굴을 드러낼 테다. 짓궂은 날씨 변화는 영국의 일상이니까.

나는 거리로 향한 도서관 카페에 앉아 분주하게 오가는 사람들을 구경한다. 누가 간파했던가? 사람 구경만큼 재밌는 게 드물다고. 그것은 정확한 분석이다.

거리를 오가는 이들은 고즈넉한 캠퍼스의 풍경을 분주하게 바꾸었다. 누군가는 두꺼운 책을 들고 뛰어가고, 누군가는 자전거 페달을 열심히 밟는다. 누군가는 연인의 손을 잡고 속삭이며, 누군가는 공상에 빠져 땅바닥만 쳐다본다. 저마다의 목적을 품고 이 작고 오래된 도시를 찾은 사람들을 구경하는 사이, 어느새 비가 그치고 물기를 머금은 바람이 불어온다.

그래, 정신을 차릴 시간이다. 도서관으로 들어가 마무리 못한 글을 채워야 한다. 게으름을 용서하지 않는 대학에서 나는 옷가짐을 가다듬는다.

공식 자료에 따르면 175개 국가에서 온 수재들이 옥스퍼드에서 공부한다. 수업은 1년을 3학기로 나누어 진행된다. 미켈마스 텀(Michaelmas Term)은 10월 초부터 8주, 힐러리 텀(Hilary Term)은 1월 중순부터 8주, 트리니티 텀(Trinity Term)은 4월 말부터 8주. 12개월 가운데 절반은 수업, 나머지는 방학인 셈이다.

수업 기간이 짧으니, 졸업이 쉬울 거라 예상하면 오산이다. 학생들은 과도한 과제에 자주 눈물을 쏟는다. 입학 후 1년 뒤에 치러지는 시험에서 탈락하면 학교를 떠나야 한다. 중동 아시아학부에서 만난 어느 학생은 말했다.

"입에서 쇠 맛이 나요."

세계 1위의 명성은 거저 얻어진 게 아니다. 옥스퍼드대학교의 경쟁 대상으로는 미국의 하버드대학교(Harvard University), 매사추세츠 공과대학교(Massachusetts Institute of Technology), 스탠퍼드대학교(Stanford University), 영국의 케임브리지대학교(University of Cambridge), 임페리얼 칼리지 런던(Imperial College London), UCL(University College London) 등을 꼽는다. 잔인한 학사과정에도 불구하고 옥스퍼드의 일원인 옥소니언(Oxonian)이 되고픈 학생들은 많다. 그 때문에 여름방학이면 유럽의 청소년뿐 아니라

북남미와 아시아의 젊은이들까지 부모님의 손을 잡고 '꿈의 대학'을 방문한다.

선망의 눈빛으로 캠퍼스를 찾은 젊은 수재들, 그들을 도도한 표정으로 맞이하는 학교를 보면서 나는 부러움에 젖는다. 그리고 2022년의 무더운 여름을 떠올린다.

"학생 없는 선생이 무슨 소용이야?"

대구의 어느 실용음악학원을 방문하고 신설 학부의 특징을 설명했다. 허리 숙여 인사를 하고 돌아서는 순간, 원장님의 혼잣말이 뒤통수를 강타했다. 나는 부끄러움에 귀밑까지 붉어졌다. 계단을 내려오는데 두 다리가 자꾸만 흔들거렸다.

지방 사학의 교수가 된 것은 2021년의 봄이다. 등록금에 크게 의존하지 않아도 될 만큼 건실한 재단 소속의 대학. 총장님은 지방에서 '한류' 인재를 키우기로 결정하고 'K-컬쳐엔터테인먼트 학부'를 신설했다. 연출자, 작가, 연기자, 실용음악가 등 네 개의 트랙을 마련하고 유명한 대중예술인들을 교수로 초빙했다.

저널리스트 생활을 병행하면서 석박사 학위를 근근이 마쳤다. 2014년에 시작한 공부는 2020년에 마무리됐다. 나는 잊지 못한다. 박사논문 초고를 읽은 심사위원들의 질문을 받는 동안, 등줄기에 땀이 홍건하게 흘렀다. 강의실을 도망치고 싶은 충동을 겨우 참았다. 몇 번의 심사를 거쳐 학위기를 받는 날, 뿌듯함에 잠을 이루지 못했다.

대학교수가 되는 과정 역시 쉽지 않았다. 석사 학위를 받은 직후부터 도전한 임용시험은 수년간 이어졌다. 서른 곳 가까이 원서를 쓰고 면접을 보았다. 끊임없는 탈락의 연속, 국내 박사가 설 자리는 좁았다. 지방 대학으로부터 합격 소식을 들은 아침, 나는 출근 준비를 멈추고 서재에 주저앉았다. 마음속으로 다짐했다.

"그 어떤 누구보다도 좋은 선생이 되고 말겠다."

지방 대학에서 인재를 키울 수 있다는 사실도 즐거웠다. 모든 수험생이 '서연고포카서성한'에 들어갈 수는 없다. 첫 번째 도전에서 미끄러져서 의기소침한 스무 살 청춘에게 스승이자 친구가 되고 싶었다.

신설 학부였기에 의욕이 넘쳤다. 교수님들은 경쟁하듯 아이디어를 내놓았다. 학부장은 돌아가면서 맡기로 했다. 코로나(COVID-19)바이러스로 세계인들이 온라인으로 소통하던 시절. 한류의 인기는 절정으로 치닫고 있었다. 우리는 신설 학부가 지방대의 구세주가 될 것이라고 확신했다.

입시 경험 많은 교수님이 학부에 합류한 것은 얼마 뒤의 일이다. 그는 냉정하게 경고했다.

"신입생 모으는 게 만만한 일이 아닙니다. 인구도 크게 줄었구요. 서울로 가고 싶은 학생만 넘치니까요."

불길한 예감은 여간해서 틀리지 않는다. 첫 해 입시에서 우리 학부는 예술대학 가운데 유일하게 미달을 기록했다. 신설 학부는 학교를 구원하는 대신, 구렁텅이로 밀어 넣었다. 70년의 학교 역사에서 이런 적은 없었다.

캠퍼스를 거니는 동안, 모든 이들이 손가락질하는 것 같아서 나는 고개를 들지 못했다.

순번에 따라 2022년의 학부장이 되었다. 지난해의 수모를 반복할 순 없었다. 다른 학과의 경험 많은 교수님들을 찾아다니며 조언을 구했다. 학부 소속 교수님들은 최후의 수단을 실천하기로 했다. 두 명씩 조를 짜서 전국의 실용음악학원과 연기학원을 방문키로 한 것이다.

여름방학이 시작되자마자 우리는 이를 악물었다. 개개인들에게 할당된 팸플릿을 들고 전국을 돌아다닐 각오다. 나는 외국에서 오래 공부한 교수님과 함께 호남의 실용음악 및 연기자 학원을 찾았다. 뜨거운 태양 아래, 연구과제를 반납하고 입시학원을 다니는 일은 고역이었다. 이런 일을 하기 위해 대학으로 온 것도 아니었다. 하지만 포기할 수 없었다. 같은 조를 이룬 교수님과 서로를 다독이면서 여러 도시를 다녔다.

"학생도 없는 학과의 교수가 무슨 선생이람?"

실소가 담긴 자각을 떠올릴 때마다, 당장이라도 그만두고 싶은 심정이었다. 아프가니스탄 전쟁터, 탈북자의 육로 탈출길, 태풍 속의 밀항선 등을 경험했지만, 부끄러움은 도대체 굳은살이 박이지 않았다. 나는 매번 불그레한 얼굴을 하고 숨을 골랐다. 떨리는 손으로 입시학원의 문을 두드렸다.

입시시장에서 갑을 관계를 따지자면, 지방대 교수는 피라미드의 가장 하층부에 위치할 것이다. 고등학교 진학 담당 교사들과 대형 입시학원 원장들은 먹이 사슬의 상층부에 속했다. 고교에서 특강을 요청하면 지체하지 않고 달려갔다. 고교생 네 명을 놓고 다큐멘터리와 드라마 제작 특강을 한 적도 있다. 하품을 참지 못하는 학생에게 신설 학부의 팸플릿을 주고 교문을 나오는데, 뜨거운 바람이 불었다. 문득 마음이 허전했다.

입시학원과 고등학교를 방문하고 대학으로 오면 온몸이 땀에 절었다. 모든 에너지가 빠져나간 기분이란 이런 것이다. 코로나 기간 동안, 얼굴을 마주하지 못했던 학생들은 교수 연구실을 자주 찾았다. 학부의 비전을 묻는 제자들에게 차마 거짓말을 하기 힘들었고 그럴 적마다 길게 한숨을 내쉬었다.

그해 입시에서도 우리 학부는 미달을 벗어나지 못했다. 학원에서 들은 비난이 환청처럼 귓가를 맴돌았다.

"학생 없는 선생이 무슨 소용이야?"

나는 학부장으로서 책임감에 시달렸고, 갈팡질팡하다 학교에 사표부터 내던졌다. 누군가는 희생양이 되어야 한다고 믿었다. 이유를 묻는 제자들한테 말했다.

"선생님이 너무 부끄러워서 견딜 수가 없어."

그런 후 가족과 함께 영국으로 왔다. 그리고 세계 최고 대학이 위치한 옥스퍼드에서 교수가 아닌 실업자가 되었다.

옥스퍼드대학교에서 유명 인사의 특강은 쉬지 않고 열린다. 많은 사람이 참여한 특강에서 한국인 유학생을 만나는 경우가 있다. 석사 과정을 밟는 학생들 가운데는 지방대 출신들도 적지 않다. 나는 궁금함을 이기지 못하고 물었다.

"어떻게 옥스퍼드로 온 거예요?"

"모교의 지도교수님께서 추천하셨습니다."

나는 근원 모를 자책감에 감탄부터 터뜨렸다.

"아… 그랬군요…."

"독창적인 연구 주제를 가지면, 세계 어디에 가서도 공부할 수 있다고 하셨어요."

그들은 분명히 대학에서 좋은 선생님을 만나고 열렬한 지지를 받은 연구자들이다. 유명한 대학을 졸업하지 않아도, 학문에 대한 열정으로 뜨겁게 달궈진 젊은 학자들이기도 하다. 175개

국가 출신의 수재들만 입학을 허락한다는 옥스퍼드에서 당당하게 경쟁할 자격은 이미 충분하다.

지방대 교수 연구실에서 마주했던 소중한 제자들이 떠올랐다. 그들에게 나는 왜 옥스퍼드로 가라는 추천을 하지 못했던가? 신입생 미달에 따른 자책감으로 도망치기에 앞서, 제자들의 미래부터 걱정했어야 할 일이다. 선생은 학생을 모으는 비즈니스맨이 아니라 제자들의 인생을 같이 고민하는 스승이어야 하기 때문이다.

옥스퍼드 입장에서도 학부의 명성을 따질 이유가 없다. 어느 누구도 부정하지 못하는 세계 톱클래스의 학교. 석박사 학생을 고를 땐, 영어 실력과 논문에 대한 비전만 보면 될 일이다. 최근 어느 교수님에게서 들은 말이다.

"면접에 들어가서 대화해보면 금방 알아요. 이 친구가 얼마나 학문에 대한 열정을 가지고 있고, 얼마나 독특한 논문을 쓸 것인지 말이죠. 전공분야에 기여할 가능성을 놓고 본다면, 사실 어느 대학을 나왔는지는 중요하지 않아요."

맞는 말이다. 전공 기초를 충실히 쌓은 뒤 자신만의 논문으로 학계에 기여하겠다는 의지가 뚜렷하면 탈락시킬 이유가 없다. 논문 주제를 정하지 못한 하버드 출신보다, 탁월한 비전을 가진 이름 모를 대학 출신이 나은 법이다. 적어도 세계 최고 대학에서는 그렇다.

옥스퍼드 교수님의 설명을 듣는 내내, 나는 다시 부끄러워졌다. 과연 나는 사랑하는 제자들에게 '선생의 자격'을 갖춘 교수였던가?

내게도 선생님이 계셨다.

아주 오래전, 초등학교 졸업반의 담임 선생님이시다. 나는 부산 달동네에 자리 잡은 조그만 초등학교에 다녔다. 한글을 떼지 못한 학생들도 많은 빈민가 학교에서 나의 성적은 전교 1등. 중학교는 반드시 시내로 나가야 할 테다.

세상으로 나가는 게 두려운 어린 소년은 쭈뼛거리면서 교무실을 찾았다. 선생님은 고민을 들어보겠다면서 어린 제자의 손을 잡고 운동장으로 나왔다. 태양이 쏟아지고 있었다. 교무실 냉장고에서 꺼내준 요구르트를 손에 쥐고 만지작거리며 힘겹게 말문을 열었다.

"선생님, 저는 조그만 중학교로 가고 싶어요."

"… 왜? 그 이유가 뭘까?"

"시내로 가면 공부 잘하는 애들이 많대요. 그럼 더 이상 1등을 못 할 테니까요."

나는 선생님께서 분명히 긍정적인 답을 줄 거라고 믿었다. 하지만 그녀는 그러지 않았다. 제자를 일으켜 세우더니 양손으로 팔뚝을 붙잡았다. 선생님은 눈을 마주하고 말했다.

"아니, 절대로 그래서는 안 돼."

두려움이 갑자기 밀려들었다. 나는 목젖을 떨며 물었다.
"… 네? … 왜요?"
"용기를 내서 당당하게 정면 대결해야 해. 어차피 세상으로 나가면 숨을 곳도 없어. 1등이 중요한 게 아니란다. 더 큰 바다에서 헤엄칠 용기가 중요한 거지. 하지만 세상에서 자꾸만 도망치면… 결국엔 비겁한 사람이 되고 말 거야. 알겠니?"
나는 두려움과 섭섭함에 몸을 떨었다. 손에 쥔 차가운 요그르트가 뜨끈해질 때까지 연신 매만졌다. 어린 제자의 마음을 아는지 모르는지 선생님은 눈을 부라리며 강조했다.
"절대로 도망치지 마."

2021년에 신설된 학부의 신입생들은 올해 졸업했다. 졸업생 가운데 한 명이 유럽 여행 중에 옥스퍼드를 찾겠다는 이메일을 보냈다. 나는 밤잠을 설쳤다.
런던에서 출발한 열차가 옥스퍼드에 도착한 시간은 늦은 오후다. 나는 역사에 나가서 출입구를 쳐다보았다. 익숙한 얼굴의 청년이 손을 흔들면서 나타났다. 우리는 마치 오랜 친구를 만난 것처럼 한달음에 달려가 서로를 부둥켜안았다.
그날 저녁, 우리는 옥스퍼드 중심가의 펍(Pub)으로 앉았다. 주머니 사정이 허락하는 한, 뭐든지 사주고 싶었다. 지난 세월이 뭐가 그리 궁금했는지, 선생과 학생은 서로 낄낄거리면서 추억을 더듬었다.

"학교 축제 때 교수님께서 통닭하고 피자를 시켜주신 거 기억하세요?"

"그럼, 어떻게 잊겠니? 그렇게 많은 닭을 사망케 하고, 피자까지 주문한 건 내 인생 처음인데…."

"교수님, 고맙습니다. 미달된 신설 학부의 학생들이라 기죽을까 봐 실컷 먹으라고 사주신 거죠?"

나는 고마움을 전하는 제자 앞에서 얼굴을 들지 못했다. 다른 지방대 출신의 옥스퍼드 석박사 학생들을 떠올렸다. 맥주 한 잔씩을 더 시킨 다음, 한 번에 들이켰다. 그리고 말했다.

"옥스퍼드에서 공부할 생각은 없니?"

"에이… 제가 어떻게 이런 데서 공부를 해요?"

"충분히 가능해. 그러니까 한류를 깊이 공부하겠다는 각오가 서면 내게 연락해다오."

학교를 졸업하고 세상 밖으로 나온 제자는 천장을 바라보면서 한참을 생각했다. 나는 조그만 목소리로 말했다.

"미안하다. 선생님이 제대로 단련되지 못한 채 너희를 만났었구나."

다음 날, 제자는 우리 집에서 아침을 먹고 런던으로 돌아갔다. 그는 프랑스를 거쳐서 중국으로 간다고 했다. 열차가 조용하게 출발했다. 차창 밖으로 손을 흔드는 청년을 바라보면서,

나는 강의실에서 만난 소중한 제자들의 얼굴을 하나씩 떠올렸다. 그리고 무릎을 꿇고 반성했다.

세계 순위에서 한참을 뒤처진 학교에서 전임교수로 일하다, 세계 1위 학교 인근을 떠도는 연구원으로 살아가는 나의 깨달음은 하나다.

"학생이 없는 학교일수록 선생의 역할은 더욱 중요하다."

다시 대학으로 돌아간다면… 옥스퍼드에서의 자각을 잊지 않고 살아야겠다.

이 글은 사랑하는 내 제자들에게 바치는 반성문이기도 하다.

추락의 날개

'세상 밖으로 다시 나갈 수 있을까?'

나는 인생의 절정에서 낭떠러지로 추락했다. 바닥에서 바라본 하늘은 희미하고 좁았다.

나는 절벽 밑에 쓰러져서 차마 몸을 일으키지 못했다. 등부터 가슴에 이르기까지, 땅속으로 야금야금 침잠해 들어갔다. 세상의 모든 공기가 나를 덮치고, 존재 자체를 어둠으로 밀어 넣었다. 날숨과 들숨이 뒤엉켰다. 갑작스럽게 맞은 병마에 이어 인격까지 상실한 상황이었다. 세상 사람들은 몸과 마음을 다친 이를 향해 악다구니를 쓰며 손가락질했다. 악몽 같은 현실을 빠져나갈 구멍은 어디에도 없었다. 그렇게 나의 세상은 끝나고 있었다.

특별히 욕심 많은 아이였다.

어린 시절, 장래희망을 묻는 이들에게 이렇게 대답했다.

"UN 사무총장이 될 거예요."

"왜?"라고 묻는 어른들은 '세계평화', '기아구제', '기후변화' 등의 키워드를 기대했을 것이다. 하지만 나는 그럴듯한 답변을 하지 않았다.

"세상에서 가장 높은 직책이니까요. 엄마, 아빠처럼 가난하게 살고 싶진 않거든요."

나를 키운 외할머니는 척박한 환경에서 자란 첫 손자를 안타까워했다. 그녀는 종종 아이의 머리를 쓰다듬으며 삶의 지혜를 전하고자 애썼다.

"사람은 위를 보지 말고 아래를 살펴야 한단다."

외할머니의 조언은 이해하기 힘들었다. 목표를 향해 달려도 모자랄 판에 아래를 쳐다보라니…. 그럴수록 마음을 굳게 다잡았다.

"세상의 모든 스포트라이트를 다 받는 주연이 되고 말 테야."

욕심 많은 아이는 탐사보도를 담당하는 신문기자로 자랐다.

회사로부터 탈북자 취재를 지시받던 날은 비가 많이 내렸다. 광화문을 벗어나 한강을 따라 걸었다. 선배 기자들이 실패했다는 위험한 취재. 자칫 목숨을 잃거나, 옥살이를 피할 수 없으리라. 나는 강가에 주저앉고 말았다. 우산에 빗방울 튀는 소리가 요란했다. 그러다 문득 이런 생각에 이르렀다.

"오히려 기회 아닐까? 살아서 돌아오기만 한다면…."

퓰리처상(The Pulitzer Prizes) 또는 에미상 시상식장에 선 나의 모습을 상상했다. 국내 기자들 가운데 누구도 닿지 못한 정상의 자리. 시상대를 비추는 화려한 조명이 한강 위를 떠다니는 것 같았다. 뜨거운 열기로 온몸이 두둥실 떠오르는 기분이다. 행복 주사를 맞은 것처럼 기뻤다.

도박은 적중했다. 1년 넘게 취재한 결과를 신문 기사와 다큐멘터리로 발표한 뒤 러브콜이 이어졌다.

미국 ABC 방송국의 〈20/20〉 제작진을 뉴욕 본사에서 만났다. 사무실에는 에미상 트로피가 '문자 그대로' 굴러다녔다. 그들과 협업의 길은 열렸고, 같은 날 〈World News Tonight〉 출연까지 제안받았다. 조건은 한 가지, 탈북자 육로 탈출. 국경에서 마약 밀매, 러시아 벌목공 실태 촬영본을 20분으로 줄여서 독점 방송하자는 것이었다. 당연히 다른 방송사들과의 제휴를 취소해야 했다.

잠시 고민하다 거절했다. 더 좋은 대우를 제시할 글로벌 방송국은 여럿이다. 야망은 더 많은 욕망을 소환하고 있었다.

BBC 방송 직후에 만난 미국의 유명 정치인은 내게 퇴직을 권했다. 북한 인권을 강조하면서 한인 사회를 하나로 묶을 인물을 찾는 중이라고 했다. 후견인이 되어 주겠다는 제안은 달

콤했다.

역시 거절했다. 정치를 하려고 저널리스트가 된 것도 아니고, 난민의 실상을 팔아서 출세하고 싶지도 않았다. 하지만 순수한 고백은 아니었다. 나는 한동안 그날의 결정을 후회하고 더 높은 곳을 바라보기 시작했으니까.

소년 시절의 꿈은 손에 닿을 듯 가까워졌다. 하늘의 별만 별이 아니다. 별을 손에 쥔 자도 별이 될 수 있었다. 하지만 인생은 만만하지 않았다.

신촌의 한 대학병원을 찾은 건 늦가을이다. 나이를 먹으면서 건강검진을 받기 두려워졌다. 차일피일 미루다 신문사의 인사부서에서 경고까지 받았다. 서울 광화문 인근의 작은 병원에서 간단한 진료를 마쳤다. 며칠 뒤, 의사는 결과지를 한참 보더니 내 눈을 마주치지도 않고 말했다.

"혈액검사 결과가 좋지 않아요. 대학병원으로 가보세요."

사형선고를 받는 기분이었다.

대학병원으로 옮겨 혈액검사와 초음파검사를 받았다. 초음파실에서 복부를 관찰하던 의사는 과묵했다. 그는 초음파 기계를 여기저기 대 보더니 벌떡 일어섰다. 옆방으로 뛰어가서 동료를 데리고 왔다. 두 명의 의사가 검진 결과를 함께 살피는데 표정이 심상치 않았다. 뒤이어 경험 많은 간호사까지 합류

했다.

의료진의 지시에 따라, 바르게 혹은 옆으로 몸을 돌리던 나는 초조함에 입술까지 말랐다. 두 눈을 감고 두려운 목소리로 물었다.

"… 무슨 문제라도 있나요?"

의사 가운데 한 명이 건조하게 말했다.

"소화기내과 교수님께서 결과를 알려주실 겁니다."

상담실로 가는 길, 이동식 침대에 누워 수술실로 향하는 환자를 보았다. 의료진이 밀고 가는 침대 뒤를 가족들이 따랐다.

아픈 자의 눈에 비친 병원의 풍경은 이런 것이다. 한마디로 요약하자면 '블루(Blue)'. 인테리어를 아무리 산뜻하게 꾸며도, 묵직하게 드리워진 슬픔의 날개는 주변을 짓눌렀다. 나는 긴 한숨을 쉬었다.

소화기내과 상담실에서 정신을 똑바로 차리자는 다짐을 반복했다. 담당 교수의 입술부터 정면으로 응시했다. 손가락을 꼼지락거려서 바지 주름을 매만지기도 했다. 그의 입에서 나오는 선고 앞에서 당당하리라. 나는 세상의 스포트라이트를 한껏 모은 주인공이니까. 두려움에 질린 속내를 들키는 건 부끄러움의 몫이다.

교수가 컴퓨터 화면에서 눈을 떼고 결과를 전하기까지 긴 시간이 흘렀다. 창밖에는 유난히 거센 바람이 불었다. 마른 낙엽이 연달아 창문에 부딪혔다. 그는 낮은 목소리로 전했다.
"나이도 젊은 분인데… 간경변 초기입니다."

나는 입술을 깨물었다. 교수는 치료를 받으면 좋아질 수 있으니 꾸준히 병원을 찾으라고 했다. 하지만 위로가 되지 않았다.

회사 대신 집으로 향했다. 같은 팀 동료의 전화가 연신 울렸다. 나는 핸드폰의 전원을 꺼버렸다.

절정의 순간에 건강을 잃고 말다니, '인생 나락'의 신호탄 아닐까? 외할머니와 부모님의 얼굴이 번갈아 떠올랐다. 방정맞은 생각은 꼬리에 꼬리를 물었다.

현관문을 열었다.

아무도 없는 집에는 온기가 없었다. 병원에서 사 온 죽을 전자레인지에 넣었다. 갑자기 배가 아프기 시작했다. 내가 환자라는 사실이 실감 났다. 식탁에 혼자 앉아서 먹을 것을 입속에 밀어 넣는데, 눈물이 왈칵 쏟아졌다.

비록 의료진의 경고까지 받았지만, 나는 포기하지 못했다. 욕망의 늪은 깊고도 진득했다. 1년을 계획한 탈북자 취재를 자원해서 연장했다. 그렇게 10년을 훌쩍 넘기며 위험한 취재를 계속했다.

그 사이, 밀입국은 모두 열여덟 번, 밀항은 두 번으로 늘었다. 중국 공안에 붙잡히기도 여러 번, 더욱 자극적인 결과를 얻기 위해 몸을 던졌다.

 몰래 국경을 넘어 김일성 부자의 동상을 부수고 오겠다는 '동까모'를 만났다. 북한 내부에서 벌어지는 공개 처형을 카메라로 담아오려던 브로커와 비밀회의를 가졌다. 모스크바의 벌목공들은 러시아의 자작나무 숲을 뛰어서 북유럽으로 갈 계획을 밝혔다.

 탐사보도의 결과는 화려했다.
 카메라에 생생하게 담긴 탈북자들은 두만강을 건너서 탈출했다. 가족을 살리기 위해 중국에서 밀항선을 타고 한국으로 왔다. 국적을 가질 수 없는 탈북 2세들은 유럽으로 입양을 떠났다. 절절한 난민들의 사연들은 순차적으로 신문과 방송을 타고 세상에 알려졌다. 다큐멘터리는 25개국에서 방영됐다. 우리 팀은 많은 상을 받았다. 상금만 수천만 원이 넘었다. 하지만 나는 여전히 목말랐다. 돌이키지 못할 만큼 몸이 망가졌지만, 도저히 멈출 수 없었다. 그러나… 낭떠러지는 코앞에 있었다. 나의 욕망 실현은 거기까지였다.

 탈북자 관련 취재를 시작한 첫 해, 신분을 속이고 마약 밀매에 참여한 적 있었다. 북한의 전직 군인은 마약 샘플을 입속에 숨기고 국경을 건넜다. 그의 언행은 카메라에 고스란히 담겼다. 나는 그것을 바탕으로 신문 기사를 썼다.

하지만 그것이 조작된 것에 불과하다는 주장이 나왔다. 수많은 독자를 경악하게 만든 '마약 밀매'가 실은 '한국산 조미료 판매'라는 온라인 보도에 나는 아연실색했다.

우리 팀을 국경으로 인도한 가이드는 조선족으로 기독교 전도사이자 브로커이다. 그는 신문보도 이후 곤혹을 치렀지만, 결코 입을 열지 않았다. 어느 날 저녁, 공안과 함께 찾아온 이는 사진 한 장을 디밀었다. 두만강에서 북한산 마약을 팔고 사는 장면이다. 중국에서 마약 밀매는 사형까지 가능했기에 그는 서둘러 거짓말을 했다.

"그건 마약이 아니라 한국산 조미료입니다."

탈북 취재를 저격한 온라인 보도의 파장은 녹록지 않았다. 사내 변호사를 찾아간 이유다.

"소송을 걸어서라도 바로 잡고 싶습니다."

변호사는 카메라에 담긴 증거를 전부 모아 오라고 했다.

하지만 이번엔 회사가 반대했다. 소송을 걸지 말고 기다리라는 지시다. 재판을 진행하는 동안, 논란은 커질 게 분명했다. 대중은 달을 보지 않고, 그것을 가리키는 손가락에 집중하기 마련이다. 탈북자 인권을 강조하려던 회사의 노력은 자칫 무위로 돌아갈 수도 있다. 간단히 줄이자면, 대(大)를 위해 소(小)를 희생하라는 의미다.

나는 절망했다. 목숨을 걸었던 동료들의 반응조차 미지근했다. 누군가 혼잣말을 내뱉었는데, 그것이 우리 팀에 균열을 일으키고 말았다.

"영광은 혼자 차지하더니, 오물은 같이 처리하자는 거잖아?"

틀린 말도 아니었다. 그럼에도 후배의 말을 기꺼이 받아들이기 힘들었다. 인격까지 송두리째 베어지는 느낌, 공든 탑이 무너지고 있었다.

그날을 기점으로 나는 사무실에 나가지 않았다. 온몸이 가시에 찔린 것처럼 아프더니, 세상 모든 것들이 두려웠다. 스트레스로 퉁퉁 부은 몸은 자꾸만 바닥으로 기어들었다. 골방에 누워서 자신을 세상과 단절시켰다.

공황 장애에 걸린 것이다.

사실 탐사보도를 같이 한 동료들은 나를 도우려고 했다. 나중에 안 사실이다. 하지만 당시엔 그들의 진심을 헤아리지 못했다. 조선족 가이드 역시 한국에 들어와 카메라 앞에 앉았다. 그는 의리를 지키기 위해 인터뷰에 나섰다. 사건이 터지고 1년 뒤의 일이다.

결정적인 증거를 마련했음에도, 회사를 포함해 많은 이들은 더 이상 귀를 기울이지 않았다. 당연한 일이었다. 한번 무너진 신뢰는 돌아오기 힘든 법이다.

별을 손에 넣기 직전이었다.

하지만 나는 탈북 취재와 강제로 이별했다.

낭떠러지에서 추락한 일련의 사건은 깊은 생채기를 냈다. 크로스미디어 팀은 해체의 길을 걸었고, 나는 부활하지 못했다.

많은 시간이 흘렀다. 나는 천천히 겸손함을 배웠다. 그리고 주연과 조연의 역할에 대해 곰곰이 생각하게 됐다.

공동의 목표를 세운 뒤 내가 기울인 노력을 다른 누군가를 빛내기 위해 사용하는 일, 그것이 조연의 미덕이다. 스스로 별이 될 수 없다면, 남을 위해 애쓰는 것도 좋은 일이리라.

가끔 내 마음 한편에 웅크린 욕망이 스멀스멀 제 모습을 드러내려 할 때도 있다. 그럴 적마다 질병이 준 선물을 나는 생각한다.

지금도 여섯 달에 한 번씩 병원에 간다. 혈액검사를 하고, 초음파검사를 받는다. 가끔 간 섬유화 검사도 한다.

검사를 마치고 소화기내과 상담실 앞에 서면 다리가 후들거린다.

"오늘은 어떤 진단을 받을까? 건강을 되찾았다는 희소식은 아닐까? 갑자기 상태가 나빠졌다고 하면 어떡하지?"

꾸준한 치료 덕분에 건강은 꽤 회복됐다. 그렇다고 완치된 건 아니라고, 담당 교수는 말했다.

"운동을 꾸준히 하세요. 스트레스 조절도 계속해야 합니다. 죽는 날까지 조심하고, 또 조심해야 하는 병입니다."

시한폭탄을 안고 살아가고 있다는 사실을 일깨우는 전문가의 표현이다. 상담실 앞에서 약 처방을 기다리는 동안, 나는 아내에게 문자를 썼다.

"병원에서 좋아졌다고 하네요. 너무 걱정하지 마세요."

아내는 금방 답장을 보냈다.

"어떻게 걱정을 안 해요? 빨리 나아야 할 텐데…."

누구에게나 삶의 위기는 있다. 반복하거니와, 나는 인생의 절정에서 낭떠러지로 떨어졌다. 그 과정에서 질병을 얻었고 존경받던 위치를 잃었다. 돌이켜보면 롤러코스터 같은 인생이었다. 나는 종종 반추한다.

"예상하지 못한 추락은 불행이었을까? 행운이었을까?"

감히 행운이라 말하기는 어렵다. 하지만 낭떠러지를 마주하지 않았다면 겸손함을 배우지 못했을 테다. 조연으로 살아갈 용기도 구하지 못했음은 물론이다. 외할머니가 하나뿐인 손자에게 전하려 했던 지혜는 바로 여기에 있었다.

죽음의 때는 조용히 찾아올 것이다. 그러니 주변과 아래를 살피며 겸손하게 살아야겠다. 주연이 아니면 어떤가? 조연의 미덕을 깨달았으니 행복한 일이 아닌가?
 더 이상 별을 꿈꾸지 못하는 나는, 오늘도 감사의 기도를 드린다.

어차피 초보 인생

나이 쉰을 넘어서 이력서를 쓴다.

영국 테스코(TESCO)는 전국 체인망을 가진 대형 슈퍼마켓이다. 영국의 시급 기준은 한국보다 높아서, 최저 생활을 유지하는데 그만이다. 나의 신분은 외국인 노동자. 쉽게 직업을 구할 수 없기에, 테스코에서부터 이력을 쌓기로 했다. 영어 사용에 익숙하지 않으니까, 캐셔(Cashier)보다는 잡일을 담당하는 일용직이 좋으리라. 나는 이력서 문구를 정성스럽게 다듬느라 반나절 넘게 시립 도서관에서 궁싯거렸다. 이마에서 비지땀이 흘렀다. 2023년의 이른 가을이다.

신문기자, 온라인 뉴스 기획자, 다큐멘터리 감독, 방송국 PD, 대학교수, 드라마 작가 등 영문 이력서(CV)에 기록된 경력들을 하나씩 지워나갔다. 두 달 전, 순진한 자기소개서 때문에 좋은 일자리를 구하는 데 실패한 적이 있다. 나는 이력서 작성에도 전략이 필요한 시기라고 판단했다.

지유는 우리 부부의 하나뿐인 딸이다. 아이가 다니는 공립 초등학교는 일과를 마칠 때마다 흥겨운 음악을 틀어주었다. 학부모들은 음악에 맞춰 정문 앞에 모였다. 아이를 집으로 데려갈 시간이다. '부모'라는 공통분모를 가진 중년들은 인사를 겸한 짧은 대화를 나누곤 했다. 그 과정에서 서로의 직업과 관심사를 파악하기 마련이다.

내가 다큐멘터리 감독이라는 사실을 알게 된, 지유 친구의 아버지는 옥스퍼드 환경연구소의 선임 연구원이다. 이탈리아 출신으로 독일에서 자랐다고 했다. 외국 생활의 어려움을 아는 친절한 학자다. 그는 '외국인 학부모 동기'를 위해 프로젝트 하나를 조심스럽게 제안했다.

연구소의 활동을 알리는 짧은 다큐멘터리 두 편을 만드는 작업. 나는 흔쾌히 허락했다. 감사한 마음을 담아 이력서를 보냈다. 기대와 달리, 답장은 2주 가까이 지난 뒤에야 도착했다.

"내부 회의 결과, 저희 일을 맡기기에 어울리지 않다는 결론입니다. 우리 연구소는 BBC 수준의 다큐멘터리를 원하지 않습니다."

착한 품성이 절로 쏟아지던 선임 연구원의 얼굴이 떠올랐다. 그는 분명 미안함에 시달렸을 테다. 나는 고개를 끄덕였다. 뭐든 과하면 부러지는 법이다.

대학을 졸업하고 25년 동안 여섯 개의 직업을 가졌다. 거의

4년마다 한 번꼴로 생업을 갈아치운 셈이다. 지인들은 내게 물었다.
"왜 번듯한 직장을 때려치우고 어려운 길을 가는 거야?"
그들의 질문 속에는 한곳에 정착하지 못한, 노매드를 향한 질타가 담겼다. 나는 차마 반론을 제기하지 못했다. 천천히 고개를 주억거렸을 뿐이다.

나도 안다.
오랜 시간, 한 길을 걸어간 사람들의 아름다움을.
같이 신문사에 입사해서 편집국의 부국장 혹은 부장까지 오른 동기들을 생각했다. 사회 현안에 대한 그들의 판단은 날카롭고, 미래를 예측하는 근거에는 내공이 담겼다. 세월은 그저 흘러가기만 하진 않았다. 선진국일수록 개인의 경험을 무엇보다 존중하는 데에는 그만한 이유가 있다.

옥스퍼드 시내에는 어느새 어둠이 깔렸다. 경력을 모두 지우고 나니, 이력서는 겨우 A4 반장. 나는 한 손을 들어 턱을 괴었다. 양반다리를 하고 의자에 몸을 맡겼다.
테스코의 일용직 업무를 잘 수행할 수 있을까? 두려움에 짓눌렸던 마음을 겨우 다잡았다. 낯선 일을 마주하고 생짜 초보가 되는 건 분명 힘든 일이다. 하지만 부딪히지 않으면 아예 모를 세상. 과거의 경력을 전부 잊고 수줍게 도전할 용기와 열린 마음이 필요했다.

2012년의 가을, 생경했던 드라마 제작 현장을 기억해 낸 이유다.

드라마 조연출이 된 건, 자발적 선택이었다.

방송국을 소유하게 된 신문사는 드라마 이슈로 골머리를 앓았다. 사운을 걸고 100억 원 이상을 투자한 첫 드라마가 실패했기 때문이다. 신문사의 경험으로 방송국의 제작 논리를 이해하긴 어려웠다. 결국 기자 가운데 한 명을 선발해 공중파의 대형 드라마 제작에 파견하기로 했다.

현장은 정해졌다. 전설적인 드라마 연출자인 고(故) 김종학 감독의 신작인 〈신의〉. 남은 문제는 하나다.

"이렇게 낯선 업무를 과연 누가 담당할 것인가?"

고양이 목에 방울을 걸 저널리스트가 필요했다.

나는 엉뚱한 결심을 했다.

드라마를 배우고 싶어 손을 번쩍 들었다. 소식을 접한 편집국 동료들은 뜨악한 표정이었다. 어느 선배는 조언했다.

"네 나이도 벌써 마흔이야. 한 가지 일에 집중해서 성과를 올려야지. 세월은 생각보다 빨리 지나가는데, 왜 익숙하지 않은 일만 붙잡는 거냐?"

김종학 감독님도 나이 많은 조연출을 탐탁하게 여기지 않았다. 〈여명의 눈동자〉, 〈모래시계〉, 〈태왕사신기〉 등 한 시대를 풍미했던 작품들을 연출한 거장, 서울 강남의 작은 커피숍에서 그를 만났다. 그는 커피잔을 들고 상대의 눈동자를 한참 쳐다보았다.

"드라마는 기자들이 생각하는 것처럼 만만한 분야가 아니야. 적어도 10년은 현장에서 배워야 연출자 명함을 내밀 수 있어. 게다가 현장은 육체적으로도 버거운 곳인데, 그 나이에 견딜 수 있겠나? 차라리 기획 프로듀서에 도전해 봐."

나는 고개를 저었다. 이미 거절을 각오하고 나온 터였다.

"현장에서 죽어도 좋습니다. 고백하자면, 본사에서 지원한 다른 기자도 없습니다."

그는 하는 수 없이 허락했다.

"건강관리 잘해라. 중간에 포기하고 도망치면 죽는다."

김 감독님께 어떤 직책이든 좋다고 했는데, 그는 내게 조연출을 맡겼다. 과분한 일이라 여겼다.

네 명의 조연출이 드라마에 배정됐다. 나는 그 가운데 막내였다. 다른 조연출들은 열 살 이상 어렸다. 하지만 이십 대 초반부터 드라마 현장에서 잔뼈가 굵은 이들에 비해 나는 아는 게 없었다.

촬영 시작은 서울 봉은사. 처음부터 밤샘 작업이다. 새벽 세 시가 넘어가니, 쏟아지는 잠을 견디기 어려웠다. 강남대로를 막고 촬영하는데, 야광봉을 든 손이 저절로 내려갔다. 달려오는 차량을 막아야 하는 조연출이 졸음을 이기지 못하자 스태프들은 기가 막혔다.

"저 양반, 나이 들어서 참 고생이다."

초보 조연출의 실수는 끊이지 않았다.

소품 체크는 현장에 나가기 전에 마쳐야 했다. 그 과정에서 김 감독님의 판단을 따라가지 못해 낭패를 보는 일이 잦았다. 과거에서 현재로 날아온 남자 주인공은 고려시대의 명장, 최영 장군이다. 그의 소품을 고르다 벌어진 일이다.

미술 담당자는 알록달록한 비단을 추천했지만, 나는 단색으로 고집을 부렸다. 그것이 과거 무관(武官)의 결정과 유사할 것이라 확신하면서. 감독님은 조연출이 들고 온 소품을 보고 한참을 망설였다. 그리고 말했다.

"드라마는 판타지야. 화면에서 어떻게 보일지에 집중해야지, 역사적 고증에만 의존하면 안 돼. 어떻게 이런 색을 골랐을까? 재능이 없는 건가?"

나는 부끄러움에 몸 둘 바를 몰랐다.

지방 촬영이 시작되자 제작진의 체력 소모는 눈에 띄게 심해졌다. 촬영을 마치고 이동하는 버스 안에서 쪽잠을 잤다. 서울 강남에 이어 강원도 속초, 인천 영종도, 충북 단양, 전남 장흥.

제작진을 태운 버스는 요동치며 달렸다. 스태프들은 깨지 않고 깊은 잠에 빠졌다.

연출부만 예외였다. 촬영 준비 없이 현장에 도착하면 그만큼 일정이 늦어진다. 잠의 유혹에 빠지는 날에는 어김없이 연출부 전체 집합이 걸렸다. 예외는 없었다.

김 감독님 밑에서 10년 넘게 공부한 공동 연출자는 마음이 여린 사람이다. 그는 집합 시간에 '열중쉬어'를 하고 있는 나의 모습을 발견하곤 웃음부터 터뜨렸다.

"형은 빠지세요."

나이 많은 조연출 때문에 연출부의 단합을 해치는 것 같아 죄스러웠다.

스태프들의 마음을 여는 일은 녹록하지 않았다. 평생 제작 현장에서 살아온 사람들 사이에서, 신문 기사를 쓰던 이의 존재는 낯설었다. 덕분에 얼굴을 마주해도 서먹한 순간이 많았다. 촬영 중간마다 이어지는 짧은 휴식, 외지에서 날아온 초보 조연출은 멀리 떨어져 서성여야 했다.

어느 날, 김 감독님이 나를 불러세웠다. 모든 제작진이 쳐다보는 가운데 손을 어깨에 얹고 귀엣말을 전했다. 나는 미간을 모으고 귀를 쫑긋거렸다.

"내 말을 주의 깊게 듣는 척해라. 스태프들이 우리를 쳐다보는 게 보이지? 연출자가 새로운 멤버한테 먼저 말을 걸고 가족

취급을 해야, 저 사람들도 너를 받아줄 게다."
 감독님의 따뜻한 배려 덕분에 '김종학 사단'의 일원이 될 수 있었다. 감읍해야 할 일이다. 시간이 지나면서, 스태프들이 나누는 용어를 이해하게 됐다. 덕분에 같은 지점에서 화를 내고, 함께 웃을 수 있었다. 나는 더 이상 외톨이가 아니었다.

 그러나 육신의 고달픔은 익숙해지지 않았다.
 드라마의 메인 세트장은 전라남도 장흥군에 있었다. 현장의 새벽은 을씨년스러웠다. 겨울 같은 가을이었기에, 나는 긴팔 셔츠 위에 점퍼를 덧대 입었다. 조명을 바꾸거나 주연배우가 분장을 고치면 쉬는 시간이다. 그 틈을 이용해 어둑한 세트장 인근을 뜀박질하며 잠을 내몰았다. 조명에 다시 불이 들어오면 촬영이 임박했다는 신호다.
 김 감독님은 모니터 앞에서 나지막하게 지시했다.
 "자, 가 보자!"
 그러면 목에 힘을 잔뜩 넣어야 했다.
 "모두 조용! 스탠바이 들어가겠습니다."
 조연출의 외침을 들은 스태프들은 잘 훈련된 군사들처럼 일사불란하게 움직였다. 누구도 소리 내지 않는 고요한 새벽, 남녀 주인공들의 대사가 허공을 갈랐다. 동시에 초보 조연출의 콧구멍에서 쌍코피가 흘렀다. 그 모습을 발견한 카메라 감독이 손을 들었다.

김 감독님은 자리에서 일어나 조용히 나를 불렀다. 이번에도 귓속말이었다.

"차라리 드라마 작가를 해보는 게 어때? 신문기자니까 글 쓰는 건 익숙하잖아?"

혹시 퇴출 선언일까? 나는 대답을 하지 못하고 눈망울만 굴렸다. 감독님이 다시 모니터 앞에 앉은 뒤에야 깊은 고민에 빠졌다.

"끝까지 버틸 수 있을까? 신문사에서 하던 일이나 계속할 걸 그랬나?"

내 삶의 궤적은 2012년과 2013년을 기준으로 갈린다.

전반기까지 '익숙해지지 않는 삶'을 추구했다. 그것은 성공을 향한 욕망과 호기심 때문이었다. 영화감독을 꿈꾸다 신문기자가 됐다. 편집국에서는 사회부와 정치부를 떠돌았다. 종군기자로 전쟁터에 나선 적도 있다. 편집국장의 권유로 온라인 뉴스 기획을 맡았다. 인터넷 세상에 익숙해질 무렵, 탐사보도를 시작했다. 탈북자를 따라다녔고, 걸 그룹 매니저를 했다. 신문 활자에 익숙해진 뒤 다큐멘터리에 도전했다. 보도 다큐멘터리로 연출을 시작했지만, 다큐멘터리 영화라는 새로운 장르에 빠졌다. 마침내 드라마에 이르렀다.

하지만 화무십일홍(花無十日紅), 영원한 것은 없었다.

인생 후반기에 원하지 않은 일을 마주했다. 절벽에서 떨어진 뒤, 건강은 무너졌고 회사의 대우도 달라졌다. 내 말을 들어줄 임원도 사라졌다. 월급은 나왔지만, 그림자와 같은 존재가 되고 말았다.

신문사를 박차고 나갈 궁리만 했다. 육체적으로 고통스럽기도 했지만, 심리적 소외감을 견디기 힘들었다. 하지만 모든 걸 포기하기엔 이른 타이밍. 나는 자신에게 되물었다.

"탁월한 성과를 내면 재기할 수 있을까?"

미완성된 탐사보도 프로젝트를 위해 개인 돈까지 투자했다. 그렇게 마무리한 스토리 가운데 일부는 좋은 평가를 받았다. 몇몇 국제적인 상을 받거나 최종 후보가 됐다. 덕분에 몇 년을 더 버틸 수 있었다. 그러나 유쾌하지 않은 경험이었다. 회사는 앞으로 새로운 미션을 주지 않을 것이며, 이후엔 생산성이 떨어졌다고 지적할 것임에 분명했다. 그래서 조용히, 아무 소란 없이 떠나겠다는 마음을 굳혔다.

그때 문득 떠오른 게 가족이다.

어린 시절에 경험한 가난은 혹독했다. 그것은 배고픔과 열등감으로 요약된다. 나는 같은 경험을 아내와 아이에게 전하고 싶지 않았다. 다행히 새로운 일을 마주하고, 초보자로 돌아가는 일에는 익숙하지 않던가?

회사의 처분을 기다리면서 실력을 쌓기로 결심한 건 그쯤이다.

소속을 신문사가 아닌 방송국으로 옮겼다. 공부도 시작했다. 늦은 나이에 석박사 학위에 차례로 도전하는 건 결코 쉽지 않은 결정이었다. 예상보다 많은 시간이 필요했다. 2014년 봄에 시작한 공부는 6년 반 동안 계속됐다.

방송국에서는 교양과 예능 프로그램 제작을 배웠다. 김종학 감독님께서 갑작스럽게 돌아가신 뒤, 거장의 조언을 따라 드라마 대본도 쓰기 시작했다.

인생 후반기에 경험한 초보자의 삶은 전반기의 그것과 달랐다. 욕망에 의한 것이 아니라, 살아남기 위한 것이었으니까. 그것은 내게 몇 가지 선물을 남겼다. 박사 학위를 손에 쥐었고, 드라마 작가 일을 하도록 허락했다. 가족을 생각하며, 당장의 어려움을 참고, 주어진 일을 따르며, 미래를 준비한 덕분이었다.

다시 2023년. 나의 영국 테스코 일용직 도전은 무위로 끝났다.

우연한 기회에 옥스퍼드대학교에 근무하는 한국인 교수님을 만났다. 그녀는 종신 교수로 세계적인 언어학자다. 나의 과거를 유심히 들은 뒤 연구원 시험을 치러보라고 권했다.

"만약 박사 학위가 없으셨다면 제안도 드리지 못했을 거예요. 마침 한류 연구를 시작했으니, 드라마 현장 경험도 강점입니다."

그날 저녁, 나는 무릎을 꿇고 간절하게 기도했다.

"초심자의 자세를 유지하게 해주셔서 감사합니다. 덕분에 미래를 준비할 수 있었습니다."

그렇게 '외국대학의 계약직 연구원'이라는 일곱 번째 직업을 가지게 됐다.

어느덧 구조조정을 고민해야 하는 나이. 신문사 동기들은 내게 묻는다.

"기자 이후엔 무슨 일을 할 수 있을까? 100세 인생에서, 겨우 반환점을 돌았는데… 근데 너는 좋겠다. 다른 구멍들을 열심히 파 놓았으니…."

그들은 해외에서 고생하는 친구를 응원하려고 애쓴다. 그래서 나는 동기들의 한탄이 격려에서 비롯된 것임을 인지하고 있다. 그럼에도 한 자리에 오래 머물지 않고, 끊임없이 도전한 자에게 축복이 있기를 바란다.

초보 인생을 살고 있지 않은 이가 세상에 있으랴? 드라마가 아닌 실제에서 2회차 혹은 3회차 인생을 누리는 사람은 없을 테니까 말이다.

"낭떠러지에서 추락해도 절망하지 마세요. 초보자로 다시 시작하면 됩니다."

지금 이 시각, 인생의 고비에서 고통받는 이들께 전하고 싶은 말이다.

힘겹게 쌓아온 경력이 아예 사라지는 것도 아니다. 당연한 사실을 일깨운 경험이 있기에 여기 남긴다.

연구원으로 일하면서 BBC를 방문한 적이 있다. 내가 연출한 다큐멘터리 가운데, 네 편이 이 방송국의 전파를 탔다. 오랜 인연을 떠올리며 데뷔 작품의 CP(Chief Producer)에게 이메일을 보냈다. 그녀를 마지막으로 본 건, 지난 2012년의 부산에서였다. 국제영화제의 심사위원으로 참석했던 CP는 승진을 거듭하더니 부사장까지 됐다.

옥스퍼드에서 출발한 기차는 런던을 향해 달렸다. 나는 이메일을 괜히 보냈나 싶어 계속 후회했다. 과거에 매달리는 퇴물로 보일까 두려웠다.

BBC는 런던 중심가에 있다. 부사장은 정문 밖으로 나와서 한국에서 온 친구를 기다리고 있었다. 부산에서 선물한 단행본을 가슴에 안고서. 나는 놀라움에 그 자리에 멈췄다.

"돌아온 걸 환영해. 네 책에 사인 받는 걸 잊지 않았어."

"… 나는 이제 저널리스트도, 다큐멘터리 감독도 아닌걸."

"무슨 소리야? 다시 시작하면 되지."

그녀의 이름은 메리 윌킨슨(Mary Wilkinson). 나는 부사장이 내민 손을 한동안 놓지 못했다. 그러다 문득 이런 생각이 들었다.

너나 할 것 없이 어차피 초보 인생.
삶은 살아볼 만하지 않은가?

결국엔 사람

결국엔 사람이다. 절망도, 희망도. 상처도, 치유도. 모두 사람으로부터 비롯된다. 적어도 나는 그렇게 믿는다.

2006년의 여름, 대한민국은 월드컵으로 뜨거웠다. 국민들은 2002년의 환희를 온몸으로 기억했다. 우리가 선진국이 됐다는 사실을 통계 지표가 아닌, 살갗에 와닿은 흥분으로 체감한 시간. 당시 최고의 히트 상품은 '길거리 응원전'이다.

경기 시작을 알리는 휘슬이 울리면, 남녀노소가 도로로 뛰쳐나와 마음껏 함성을 질렀다. 태극기를 패션 아이템으로 휘감은 채, 서로를 부둥켜안은 이들에게 이념, 빈부, 젠더 등은 문제가 되지 않았다.

길거리 응원전은 국가대표팀 서포터즈인 '붉은 악마'의 자발적 제안으로 시작된 '놀이'였다. 서울시의 행정 지원과 조선일보를 비롯한 언론 및 대기업의 후원이 더해지면서 '국민 축제'

가 됐다. 독특한 문화현상이었다.

한바탕 놀아본 사람들은 4년 전의 열정을 잊지 못했다. 각계각층에서 2002년에 이은 대형 응원전을 기획한 까닭이다. 나는 광화문에서 미디어다음의 젊은 책임자를 만났다. 노컷뉴스와 쿠키뉴스를 운영하면서 인연을 맺은 사이다. 그는 거리를 걷다가 재밌는 아이디어 하나를 꺼냈다.

"로마 시대를 상상해 보자구요. 태극전사의 흉상을 시청부터 광화문까지 두 줄로 세우고, 응원전을 벌이면 어떨까요?"

조선일보와 미디어다음의 2006년 길거리 응원전은 그렇게 시작됐다.

순탄한 과정은 아니었다. 처음부터 반대에 부딪혔다. 유명 신문사와 지상파 방송국 연합, 통신사 및 대기업 후원으로 시청 앞 응원전이 준비 중이었다. 조선일보 역시 해당 연합에 속했기에, 시청에서 멀지 않은 광화문에서 다른 응원전을 기획하는 데 반대가 많았다. 당연한 일이기도 하고, 아쉽기도 한 지점이었다.

나는 편집국 인터넷뉴스부 소속 기자였다. 담당 부장은 열린 사람이다. 미디어 융합 시대, 뭐든 새로운 것들을 실험하는 게 미디어 기업의 미래를 준비하는 지름길이라고 믿었다. 그는 젊은 기자의 엉뚱한 제안과 사내의 반대의견을 끝까지 듣더니 해맑게 말했다.

"재밌겠다. 누가 뭐라고 하든 내가 책임질 테니까, 해보자!"

우리는 밀레니엄 시대에 걸맞는 IT 결합형 응원전을 진행하기로 했다. 관공서의 허락을 받아 광화문 교보문고 앞에 초대형 축구공 모형을 세웠다. 인터넷으로 연결된 축구공 상단에는 전국에서 보내온 응원 문자가 실시간으로 나왔다. 태극전사들의 흉상들은 광화문 사거리에서 경복궁 정문까지 줄지어 섰다. 시청 앞 응원전에 참여하지 않은 지상파 방송국을 끌어들였고, 강남 코엑스에서 길거리 응원전을 준비하던 대기업 후원사까지 합류시켰다. 일은 일사천리로 이뤄졌다.

나는 부장과 함께 편집국을 벗어나 광화문 사거리로 자주 나갔다. 월드컵 개막 이전임에도 불구하고, 시민들이 많이 모였다. 그들은 축구공 모형에서 불빛을 번뜩이며 등장하는 응원 구호를 지켜보거나, 축구 국가대표 흉상들 앞에 긴 줄을 서서 사진을 찍었다. 이른바 사진 명소로 입소문을 탄 것이다. 나는 '먹지 않아도 배부르다'라는 말의 의미를 실감했다. 이제 성공의 과실만 따면 되리라.

개막을 불과 며칠 앞둔 오후, 마른하늘에 날벼락이 떨어졌다. 중앙정부에서 길거리 응원전 허가를 반려했다는 소식이다. 시청 앞 응원만으로도 차량 통행이 어려운데, 광화문까지 길이 막히면 시민들에게 불편을 초래한다는 이유다. 특정 언론사와 정부 간의 갈등 때문이라는 뒷말이 있었지만 확인하지 못했다.

전세는 삽시간에 역전됐다. 각종 불만이 우리 팀으로 쇄도했다. 수십억 원이 들어간 응원 프로젝트는 한순간에 우리 부서를 역적으로 내몰았다. 회사 임원들에게 호출당해 끌려가는 담당 부장의 뒷모습을 보면서, 나는 쥐구멍을 찾았다.

국가대표팀의 첫 경기가 다가왔다. 응원전을 이끌 대형 가설무대가 경찰의 감시하에 철거되고 있었다. 나는 아무런 저항도 하지 못하고 그저 바라보기만 했다. 모든 게 무너져 내리는 기분이었다. 경찰은 무심하게 말했다.

"허가 구역은 인도의 일부였을 뿐입니다."

그날 밤, 나는 광화문 대로에 주저앉았다. 땅바닥에서 치밀어 오르는 절망의 기운이 등줄기를 타고 와서 심장을 얼렸다. 다시 무대를 세울 방안도, 집으로 돌아갈 자신도 없었다. 국민들과 한바탕 잔치를 벌이기는커녕, 수십억 원의 배상금을 물어야 할 판이다. 회사는 커다란 부채를 감수하거나, 개개인한테 구상권을 발동할 것이다.

회사에서 반대할 때, 머리를 숙이고 받아들여야 했다. 지나친 욕심과 발 빠른 추진력이 화근이었다. 나는 앞으로 벌어질 일들을 생각하며 빠르게 지쳐갔다.

술에 잔뜩 취한 진성호 부장이 비틀거리며 나타난 시간은 이른 새벽이다. 술 내음을 풍기면서 광화문을 두리번거리던 그는 후배의 모습에 웃음을 터뜨렸다. 그는 길거리에 털썩 앉은 나를 일으켜 세웠다.

"우리 집이 서초동 근처야. 오늘 부동산에 다녀왔어. 소형 아파트 가격이 많이 올랐더라구. 급매로 팔아도 몇억은 받을 수 있대. 그걸로 후원금 일부를 갚으면 되겠더라."

내가 어이없다는 표정을 짓자, 그는 한쪽 눈을 찡긋거렸다.

"얼마나 열심히 뛰어다녔는지 잘 안다. 내가 책임지면 되니까 아무 걱정하지 마라. 고생 많았다."

선배의 따스한 말에 눈물이 폭포처럼 흘렀다. 이 사람을 위해서라도 반드시 응원전을 성공시키리라. 나는 입술을 꽉 깨물었다.

돌아보니 나는 축복받은 사람이었다. 인생의 고비마다 좋은 사람을 만났으니까. 그들 덕분에 일격을 맞아도 훌훌 털고 일어나 도전할 수 있었다. '좋은'이라는 형용사의 사전적 의미는 '훌륭하거나 아름답다'이다. 하지만 나에게 있어 '좋은'은 '교과서에 적힌 대로'라는 뜻이다.

교과서는 좋은 삶의 자세를 다음과 같이 가르쳤다. '거짓말 하지 않을 것', '자신의 언행에 책임질 것', '타인을 존중할 것', '옳다고 믿는 것을 실천할 것'.

원칙대로 사는 일은 불가능에 가깝다. 자신을 희생하며 타인을 위해 의리를 지키는 일은 더욱 힘들다. 그런 면에서 나는 위기의 순간마다 좋은 사람들을 만났고, 그들로 인해 앞으로 나아갈 동력을 얻었다.

2006년, 광화문 길거리 응원전은 초대박으로 마무리됐다. 후배를 위해 선배의 아파트를 처분하는 비극도 응당 없었다.

 선배를 껴안고 광화문에서 울음을 터뜨린 다음날. 나는 광화문 일대를 담당하는 지역 자치단체장을 급히 찾았다. 종로구청이 직접 관장하는 지역에서 응원전을 열기로 합의했다. 미디어다음과 지상파 방송국을 설득해 대형 가설무대를 다시 세웠다. 허가받은 구역에서 한 치도 벗어나지 않았다. 무대는 국가대표팀의 첫 경기가 열리는 아침에야 겨우 완성됐다.

 경기 시간이 다가오자 붉은 악마의 응원전이 시작됐다. 방송국의 축하공연도 뒤따랐다. 하지만 응원전에 참여한 시민들의 수가 턱없이 모자랐다. 미디어다음의 책임자는 탄식했다.

 "… 아무래도 망한 것 같네요."

 그러나 기적은 극적으로 일어났다.

 갓 퇴근한 회사원들이 구름처럼 몰려들었다. 응원전 참여 인원은 허가 구역을 가득 메우더니 결국 광화문의 모든 차선을 막았다. 시민들이 자발적으로 모인 결과이기에, 경찰들도 어쩔 수 없다는 표정이었다. 그들은 교통 통제구역을 시청 앞에서 경복궁 입구까지 확대했다. 서울시청에서 시작된 한국 축구의 열기는 오래된 궁궐 앞까지 이어졌다.

 나는 감격에 울고 또 울었다. 저 멀리에서 서성이는 부장의 모습이 보였다. 그 역시 벌겋게 상기된 표정이었다. 16강 진출이 걸린 세 번째 상대는 스위스였다. 전 국민의 관심이 쏟아진 경기였지만, 나는 현장에서 관람하지 못했다. 과로로 쓰러져 집으로 옮겨졌기 때문이다. 정신이 혼미해지는 순간에도 부장인 선배를 찾았다. 다음 경기를 준비하기 위해서였다. 다행인지, 불행인지 대표팀의 행진은 거기서 멈췄다.

오랜 시간이 흘렀다. 나는 그 시절을 떠올리면 성공의 희열에 앞서 '좋은' 사람이었던 신문사 선배를 생각하게 된다. 그로 인해, '신뢰'라는 단어를 믿게 됐기 때문이다.

외국에서도 인복은 이어졌다.

영국 연수 경험은 2015년이다. 회사로부터 해외연수의 기회를 얻은 것은 몇 년 전이다. 하지만 크로스미디어 팀의 바쁜 취재 스케줄 때문에 차일피일 미뤘다. 아무래도 나이 들어서 외국으로 가는 행운은 내게 없어 보였다. 밀려 있는 탐사보도를 소화하다 보면 금세 시간이 지나갈 테다.

회사라는 조직에서 추락하고 나니, 역설적으로 여유가 생겼다. 사내 규정상 서둘러 연수를 출발하지 않으면 취소될 상황이었다. 같은 팀에 근무했던 후배는 영국 옥스퍼드대학교 출신이다. 그의 인연을 빌어 상상하지 못했던 곳에서 잠시 머물게 됐다.

딸아이가 태어난 지 1년도 되지 않았지만, 나는 홀로 비행기를 탔다. 시간이 촉박해서 가족과 함께 해외로 나갈 준비를 하지 못한 탓이다. 그렇게 나는 옥스퍼드의 '늙은 하숙생'이

됐다.

하숙집에서 시내로 향하는 버스 안에서 아기를 볼 때마다, 한국에 남겨둔 가족이 그리웠다. 하지만 적은 비용으로 단기 임대를 내어줄 집주인은 없었다. 하숙집 부부는 친절한 사람들이다. 그들은 만학도의 고통을 눈치챘다.

"내 친구 가운데 집을 몇 채 가진 사람이 있거든. 부탁을 해 볼게. 대신 큰 기대는 하지 말고."

마이클 아저씨가 하숙집 부부를 만나러 온 것은 며칠 뒤의 일이다. 그는 아일랜드 출신으로 아재 개그를 즐기는 사람이다. 내가 문을 열고 들어가자, 농담부터 던졌다.

"이름이 준(June, 6월)이면, 동생 이름은 줄라이(July, 7월)니?"

무슨 까닭인지, 그의 어설픈 농담이 정겹게 들렸다.

"응, 우리 형 이름은 오거스트(August, 8월)야."

마이클은 뭐가 그리 웃긴지, 배를 잡고 깔깔거렸다.

"합격!(Pass!)"

마이클이 아내인 넬리와 함께 살고 있는 집 바로 옆이 렌트 하우스다. 가족이 옥스퍼드에 도착한 날, 우리는 서로를 껴안고 반가워했다.

아내와 지유는 별도의 비자를 받지 않았다. 3개월 뒤에 귀국하면 그만이다. 내가 학교에 간 동안, 아내는 지유를 데리고 집

주인 아저씨 집으로 갔다. 투병 중인 넬리와 시간을 보내기 위함이다.

시간은 빠르게 흘렀다. 한국으로 돌아가기 직전, 어린 딸은 갑자기 고열에 시달렸다. 비자 없는 외국인이 병원 진료를 받을 수 있을까?

자지러지는 아이의 울음소리에 마이클이 우리 집으로 건너왔다. 지유의 상태를 보더니 그는 아이부터 들쳐 안았다.

"뭐해? 어서 NHS(국립보건서비스) 병원에 가야지?"

"저희는 관광객 신분이라서요. 합법적으로 이용할 수 없을 거예요."

마이클은 나이 팔십 가까운 노인이다. 그는 대답 대신 지유를 등에 업고 달렸다. 우리 부부는 그 뒤를 숨 가쁘게 따랐다.

집에서 가까운 NHS에 갔더니 신분을 물었다. 당연한 절차였건만, 그는 화를 벌컥 냈다.

"아이가 아프다잖아? 빨리 치료를 해줘야지, 무슨 그 따위 질문을 해?"

영국인들은 원칙주의자다. 하지만 서슬 퍼런 노인의 분노에 그들은 당황했다. 아이를 의사 앞으로 데려갔더니 폐렴이라고 했다. 자칫 아이의 병이 깊어질 뻔했는데, 무탈하게 치료했다.

한국으로 돌아가는 날, 우리 부부는 마이클에게 허리 굽혀 인사를 했다.

"저희 가족한테 친절을 베풀어 주셔서 감사합니다. 은혜를 잊지 않겠습니다."

"나도 아일랜드 출신 외국인이야. 넬리를 위해 매일 놀러 와줘서 고마워. 너희는 이제 내 가족이야."

나의 뽀르뚜가(Portuga, 소설 《나의 라임 오렌지 나무》 속 제제에게 아버지 같은 존재였던 인물) 아저씨, 마이클을 다시 만난 건 2022년 여름이다.

학술행사로 옥스퍼드를 찾았다가 그를 생각했다. 휴식 시간을 이용해 마이클의 집을 방문했다. 초인종을 누르자 반바지를 입은 노인이 나왔다. 마이클은 눈을 휘둥그렇게 떴다.

팬데믹의 광풍이 잦아들던 시절이었다. 그의 아내인 넬리는 코로나로 세상을 떠났다. 나는 몇 년 전에 아버지를 잃었다. 가족의 빈자리를 말하는 동안, 창밖의 나뭇가지에 새 한 마리가 날아와 앉았다.

"마이클, 당신 집에서 살던 시절이 얼마나 행복했는지 몰라요."

"그럼 돌아오면 되잖아? 네가 떠난 다음, 빈집을 다른 사람한테 렌트한 적 없어."

학교에 사표를 내고 무작정 옥스퍼드로 돌아간 데는, 그의 존재가 컸다. 마이클의 집에 머물면서 우리는 고향으로 돌아온 기분이었다. 마이클은 지유를 친손녀처럼 예뻐했다.

"기억하니? 네가 여기를 기어다니면서 넬리한테 인사를 하곤 했는데…."

과거를 기억하지 못하는 아이는 뚱한 표정을 짓는다. 그러면 마이클은 아재 농담을 던지면서 분위기를 바꾸려고 애쓴다.

그는 이제 아흔이 됐다. 인생을 정리하기 위해 자서전을 쓰고 있다는 소식을 들었다. 읽고 싶다고 했더니, 겸연쩍은 표정으로 노트를 보여줬다.

자서전에는 성실했으나 노곤했던 한 남자의 삶이 담겨 있었다. 가족의 생계를 위해 홀로 바다를 건넌 이야기는 눈물겨웠다. 당시 런던과 옥스퍼드에 지어진 영국인 주택마다 '개와 아일랜드인 출입금지'라는 글을 붙였다. 그래서 잠잘 곳을 구하기 힘들었다. 길거리에서 잠든 적이 많았다. 몹시 춥고 서러웠다고 그는 기록했다. 착실히 돈을 모은 다음, 여러 채의 주택을 구입한 동기이다.

마이클은 크게 사업을 벌였다가 망하기도 여러 번이다. 그때마다 가족 때문에 일어섰다고 적었다. 나는 노트를 돌려주면서 말했다.

"저희한테 집을 싸게 빌려주신 이유를 알게 됐어요."

그는 머리카락이 얼마 남지 않은 머리를 긁적이며 대답했다.

"그냥 너희가 좋았을 뿐이야. 우린 가족이잖아?"

이내 장난스러운 미소를 지으며 농담을 건넸다.

"사람들은 혼자 살 수 없어. 안 그래, 준(6월)? 근데 줄라이

(7월)하고 오거스트(8월)는 잘 지내니?"

애초 6개월을 계획했던 옥스퍼드 생활은 2년을 넘기고 있다. 이방인을 사랑하는 마이클이 없었다면, 우리 가족은 낯선 영국에 정을 붙이지 못했을 것이다. 그를 통해 '연대'의 의미를 되새기게 됐다.

나도 반짝 셀럽이 된 적이 있다.

첫 다큐멘터리가 성공하고 단행본을 낸 뒤, 회사 앞으로 찾아오는 독자들이 많았다. 나승희 선생님은 그 가운데 한 분이다. 재미교포라고 했다. 책에 사인을 한 뒤, 하시는 일을 물었다. 의례적인 질문이었다.

"워싱턴에서 탈북 대학생들을 위한 리더십 프로그램을 준비하고 있어요."

"아….''

나는 성의 없게 대답했다. 그녀는 이후 한국을 방문할 때마다 조선일보 건물을 찾았다. 우리는 탈북자 인권에 관해 많은 의견을 나눴다. 하지만 그녀의 삶에 대해 자세하게 묻지 않았다. 회사 일만으로도 충분히 바빴기에, 불필요한 관심을 자제했다.

내 인생 절정의 순간은 후딱 지나갔다. 공식적인 발표를 한 것도 아닌데, 세상 사람들의 눈치는 빨랐다. 회사 앞으로 찾아오는 이들은 사라졌다. 하지만 선생님은 변함없었다.

감사를 전하기 위해 광화문의 식당으로 모신 날, 그녀는 자신의 이야기를 꺼냈다.

선생님의 고향은 강원도다. 일찍 사업에 실패한 아버지 대신, 어머니가 생활전선에 나서서 가족을 돌봤다. 부부의 큰딸은 미국 유학을 꿈꿨지만 언감생심이다. 고등학교를 졸업한 뒤 대기업의 고졸 공개채용에 합격했다. 하지만 공부에 대한 열정을 잊지 않았다.

그녀는 야간대학을 다녔다. 반드시 유학을 마치고 큰 세상에서 활동하겠다는 각오를 다졌다. 선생님의 희망을 들은 어느 명문대 교수는 혀부터 찼다.

"자네 나이가 몇인가? 쯧쯧… 유학은 무슨… 시집이나 가게."

이십 대 중반의 청춘은 무너지지 않았다. 두 번째 직장인 금융회사에서 세계은행의 국제금융공사(IFC) 직원들을 만났다. 미국의 엘리트들을 보는데 광채가 나는 것 같았다.

"나도 저 사람처럼 될 수 있을까?"

젊은 시절의 선생님은 부럽기도 하고, 절망스럽기도 했다.

유학은 어렵게 성사됐다. 가족은 작은 연립주택에 모여 살았다. 큰오빠는 가족회의를 열어서 집을 팔자고 제안했다. 그렇게 구한 돈으로 일 년 치 학비를 냈다. 낯선 땅의 젊은 동양 여성은 독하게 공부했다.

여기서부터는 기적의 연속이다.

그녀는 대학원을 졸업하고 세계은행에 입사해서 국제금융공사에 배치됐다. 어느 날, 그녀가 재직했던 금융회사의 수장이 미국 국제금융공사를 찾아왔다. 회장은 그녀의 동료 앞에서 허리를 90도로 굽히고 인사를 했다. 그녀는 묘한 감정을 느꼈다. 문득, 머릿속에 이런 생각이 스쳤다.

"포기하지 않으면 반드시 이뤄지는구나."

그녀는 글로벌 명문대 출신들 속에서 실력으로 진검승부했다. 온몸을 부딪혀 일하며 인정받았다. 1998년, 중국에서 투자담당관으로 일하던 도중 조국의 외환위기 소식을 들었다. 직속상관은 다급하게 지시했다.

"한국으로 바로 가라."

대한민국으로 돌아온 그녀의 심정은 남달랐다. 환란으로 폐업을 앞둔 회사들 가운데 우량 기업을 찾아서 살리는 업무. 그녀에게 맡겨진 일뿐 아니라, 다른 직무까지 자발적으로 맡았다. 조금이라도 나라에 보탬이 되고 싶었다. 휴대전화 하나만 들고 전국 기업들을 찾아다니며 회생 방안을 강구했다.

마침내 구제금융에서 벗어나던 날, 그녀는 좋아서 눈물을 흘렸다고 했다. 세계은행 동료들은 물었다.

"외환위기를 겪은 여러 나라 가운데 한국이 가장 먼저 졸업한 이유는 뭘까?"

"이타적인 인재들이 많으니까요. 개인 소유의 금붙이를, 국가를 위해 내놓는 사람들이 또 있을까요?"

선생님이 수십 년의 필름을 돌려서 한 시간으로 줄이는 동안, 나는 팔뚝에 소름이 돋았다. 그녀는 덧붙였다.
"그러니까 포기하지 마세요. 인생은 짧기도 하지만, 길기도 하거든요."
선생님은 통일된 대한민국을 꿈꾼다. 그러기 위해 젊은 인재를 키워야 한다는 생각이다. 세계은행을 퇴사한 이후, 남북 대학생들의 멘토가 된 까닭이다. 그녀는 한때 몹시도 듣고 싶었던 말을 청춘들에게 돌려주고 있다.
"고민하지 말아라. 실망하지 말아라. 남들이 가는 길로만 가지 말아라."

나는 어려움을 맞을 때마다 그녀를 찾았다. 아버지가 돌아가시기 직전, 원만하지 않은 부자(父子) 관계를 어떻게 풀 수 있을지 물었다.
"더 늦기 전에 아버님을 안아드리세요."
"글쎄요, 저는 아버지를 좋아한 적이 없어요."
이번에도 그녀는 경험을 말했다.
선생님도 아버지를 미워했다고 했다. 하지만 서로를 이해하고 용서하는 시간을 미리 갖지 못한 게 후회스럽다고 고백했다. 세월의 파도 때문에 늙은 부모는 자식을 기다리지 못한다.

나는 용기를 내서 아버지의 병실을 찾았다. 그의 생이 얼마 남지 않음을 직감했다. 몸을 굽혀 침대에 누운 노인을 안았다.
"힘내세요. 그동안 저를 키워주셔서 감사합니다."
어색함에 몸부림이 쳐졌다. 얼른 몸을 떼어내리는데, 아버지의 입에서 예상하지 못한 말이 나왔다.
"… 면목 없다. 고맙다."
아버지가 돌아가신 다음, 나는 가끔 꿈에서 그를 만난다. 아버지는 평온한 모습이다. 만약 한 번이라도 안아보지 않았더라면, 무척 괴로웠을 것이다.
박사과정에 도전하겠다고 고민할 때도, 영국으로 떠나겠다고 결심했을 때도 상담을 청했다. 그녀는 완곡하게 충고했는데, 그것이 '공감'을 일으키는 방법이라고 나는 믿는다.

삶이 변곡점을 맞아 요동칠 때면 주변을 돌아볼 일이다.
누구에게나 힘이 되어주는 사람들이 있지 않았던가? 당신 곁에 존재하고 있으나, 귀한 줄 모르고 지내는 것은 아닐까?
낭떠러지에서 일어나 부활하게 하는 힘, 그것은 결국 사람에 있다.
사람이 기적이다.

리셋 인생

옥스퍼드 사전(Oxford Learner's Dictionaries)은 '리셋(reset)'의 의미를 다음과 같이 설명한다.

"기기, 장비, 또는 조절 장치의 설정을 변경해 다른 시간이나 숫자를 표시하게 하거나, 다시 사용할 수 있도록 만드는 것."

드물게 망상의 날개를 펼친다. '인생에도 리셋 버튼이 있으면 얼마나 좋을까?' 큰 실수를 저질러서 돌이킬 수 없는 상황이 됐을 때, 버튼을 누르고 '처음부터 다시'를 외칠 수 있으면 후련하련만. 사람은 기계가 아니고 인간관계는 복잡하다.

그렇다고 마냥 불가능한 일도 아니다. 만만치 않은 부작용을 감수할 용기가 있다면 말이다. 무엇보다 두 가지의 각오가 필요하겠다. 첫 번째, 리셋 버튼 이전의 실타래 같은 인연을 끊어 내야 한다. 두 번째, 세월과 함께 겹겹이 쌓아온 업적들을 초기화시켜야 한다.

여간 독한 마음을 먹지 않고서는 인생 초기화는 힘들다. 때문에 '인생 재출발'을 위한 결정적 계기가 필요하다고 나는 믿는다.

'화르르!'
화장터의 화로에 불이 솟구쳤다. 화로의 작은 창문이 닫히자, 친척들은 울음을 터뜨렸다. 2016년의 가을, 나는 아버지를 잃었다. 영정 사진을 바라보면서 조용히 읊조렸다.
"… 사람이… 정말 죽는구나."
수많은 장례식장을 다녔지만 죽음을 실감한 적은 없었다. 하지만 가족이 세상을 떠나고 나니 인생이 유한하다는 사실을 절감했다.

육감이라는 게 있다.
며칠 전, 나는 안방과 맞닿은 식탁에서 물을 마시고 있었다. 아버지는 5년 넘게 투병 중으로 침대를 벗어나지 못하는 처지였다. 유일한 손녀는 겨우 두 살을 넘겼다. 아버지는 아이를 불러놓고 뭔가를 이야기하려고 애썼다.
"… 지유야, 사랑한다."
하마터면 물을 뿜을 뻔했다. 내게 있어 '아버지'란 단어와 '사랑'이란 표현은 긴 스펙트럼의 양극단에 있다. 서로 다른 것이 부딪히는 파열음에 웃음이 나왔다.

다음 날 오전. 다큐멘터리 촬영을 위해 고속도로를 달리는데 휴대전화가 울렸다. 문득 아버지가 돌아가셨다는 생각이 들었다. '올 것이 왔구나.' 나는 담담하게 아내의 전화를 받았다.

급하게 집으로 돌아왔다. 할아버지를 떠나보낸 어린 손녀의 울음만 서러웠다. 거실에는 119대원들의 발자국이 여기저기 남았다. 얼굴을 가린 아버지의 몸은 잔뜩 쪼그라들어 있었다.

장례는 삼일장으로 치러졌다. 지유는 문상객들에게 말했다.
"할비가 날 버리고 갔어요."
아이의 말이 아파서 손님들은 눈물을 훔쳤다. 하지만 나는 크게 슬퍼하지 않았다. 아버지와 잔정이 많지 않은 데다, 오랜 간병으로 지쳤기 때문이다.

힘겹게 발인까지 마쳤다.

피곤함에 온몸이 녹아내리는 느낌이었다. 잠시 침대에 누우려는데, 방송국 후배로부터 전화가 걸려왔다. 바로 그날, 옥스퍼드 티톡스(T-talks) 강연 녹화가 예정됐다. 대한민국 정부와 함께하는 문화행사로, 나는 제작 책임을 맡았다. 영국에서 온 손님들은 서울 행사장에 속속 도착하고 있었다. 후배 PD는 조심스럽게 물었다.

"… 선배, 아무래도 오기 힘드시겠죠?"
나는 잠시 생각에 잠겼다가 대답을 했다.
"아니, 얼른 갈게. 조금만 기다려. 손님들께는 내색하지 말고."

보이스 프롬 옥스퍼드(Voices from Oxford)와 티톡스는 옥스퍼드대학교의 온라인 지식 공유 프로그램이다. 데니스 노블(Denis Noble) 교수님과 김성희 교수님이 설립한 조직이다. 노블 교수님은 시스템 생물학의 거목이고, 김 교수님은 쉰의 나이에 유학을 떠나서 박사 학위까지 받았다.

영국에 잠시 머물던 해외연수 기간, 두 분의 도움을 많이 받았다. 특히 옥스퍼드의 하숙생 시절, 김 교수님께서 직접 만들어준 '볶음밥 도시락'은 지금도 잊지 못한다.

녹화는 새벽쯤에 마쳤다. 뒤늦게 부고를 접한 두 교수님은 안타까움을 전했다. 하지만 나는 손사래를 쳤다. 어차피 나의 업무였다. 월급쟁이는 돈값을 반드시 해야 한다고 믿어왔다. 그럼에도 두 분은 한참을 미안해했다.

"에미상 후보까지 오른 귀한 분인데… 탈상하자마자 이렇게 고생만 하다니."

새벽 운전으로 귀가하는 길, 뜬금없이 눈물이 흘렀다. 몇 개의 문장이 뇌리를 스쳤다.

"과거를 모조리 잊자. 이제는 제발… 다른 인생을 살아보자."

그날 이후, 리셋의 의미는 사전과 다른 것이 되었다. 그것은 '다시 시작할 수 있는 인간의 가능성, 혹은 완전히 새롭게 태어나는 전환의 순간'을 이른다.

대학을 졸업하고 여러 직업을 경험했다. 신문기자로 일하다 인터넷 뉴스 기획자가 됐을 때, 본의 아니게 100% 리셋이 됐다. 기자로 품었던 정신을 깡그리 잊으려고 노력했다. 온라인 문화를 배우고, 비즈니스맨의 시각을 가졌다. 절박했기 때문이다.

나에게 있어서, 다른 직업을 가진다는 것은 다른 세상을 받아들인다는 것과 동격이다.

나이를 먹으면서 리셋은 점차 어려워졌다. 강해진 자의식과 경직된 사고 탓이다. 이전 직업에서 쌓아온 인연과 이별하기 싫었다. 고백하자면, 낭떠러지에서 떨어져 겨우 일어선 다음에도 과거와의 단절은 쉽지 않았다. 마음 깊숙한 곳에서 '내가 어떤 사람인데…'라는 외침이 들렸고, '대우받고 싶다'는 욕망은 쉼 없이 꿈틀거렸다.

아버지의 장례를 치르는 동안, 내가 처한 현실을 직시하게 됐다.

급하게 마련한 상가(喪家)는 허름했으며, 기자 시절에 연(緣)을 맺은 이들은 후미진 곳을 찾지 않았다. 허울 좋은 과거 행적과 수상 이력은 일찍 버리는 게 나았다.

'특별한' 인물이 아니라는 자각을 뒤쫓은 것은, '평범한' 자아와의 조우다. 누군가 내게 지나간 영광을 이야기하면 귀를 막

앉다. 경쟁자들의 출세 소식에는 눈을 가렸다. 어차피 죽음으로 마감될 인생, 타인을 부러워하고 시기할 이유가 어디 있나?

신은 공평하다.

하늘이 내게 주신 고유함을 아끼게 되니, 자신의 경험을 녹인 드라마를 쓸 수 있게 됐다. 김종학 감독님의 조언을 뒤늦게 깨달은 셈이다. 참으로 청개구리 같은 인간이다.

아버지가 돌아가시고 몇 년 후, 사모했던 외할머니도 세상을 떠났다. 그녀는 내게 조부모인 동시에 어머니이자 아버지였다. 외할머니 역시 어느 가을날에 화장했다.

유골함은 친손자인 사촌 동생이 들었다. 그녀를 통해 태어난 많은 생명들이 울었다. 하지만 나는 이번에도 울지 않았다. 삼촌들은 내게 다그쳤다.

"독하기도 하다. 친손주들 다 물리치고… 그렇게 애지중지한 외손자인데…."

화장터 밖으로 나가서 끊었던 담배를 피워 물었다. 몇 해 전의 일을 떠올리다 목이 메었다.

외할머니는 치매를 앓았다. 나는 사랑하는 손자를 알아보지 못하는 그녀의 허망한 눈동자를 마주하기 어려웠다. 옹졸한 마음 탓이다. 외할머니가 손주를 알아보는 일은 두 번 다시 없을 것 같았다.

외국에 나가 있는 동안, 아내가 한 장의 사진을 보내왔다. 그것은 휴지 위에 사인펜으로 흘려 쓴 외할머니의 편지였다.

"학준아, 사랑한다."

의사들은 말했다. 치매 환자라고 해도 아주 가끔씩 맑은 정신이 돌아온다고. 그녀는 찰나의 순간을 이용해 손자에게 편지를 남긴 것이다.

나는 할아버지를 잃었던 지유처럼, 철없는 소년 같이 엉엉 소리를 내며 울었다. 외국의 한갓진 마을에서였다.

친척들이 모두 떠난 후, 유골함이 모셔진 납골당에 홀로 남았다.

"할머니, 내 사랑하는 할머니. 이제부터는 다른 인생을 살아보려구요. 이다음에 만나면, 제가 좋알좋알 모든 이야기를 전해드릴게요."

산에서 불어오는 바람이 납골당의 창문을 통해 들어왔다. 바람이 내 몸을 감싸는데, 할머니께서 따사롭게 손자의 등을 토닥거린다고 생각했다.

천재들이 넘쳐나는 옥스퍼드대학교에서 나는 특별한 사람이 아니다. 아니, 옥스퍼드뿐 아니라 내가 숨 쉬는 모든 공간에서 두드러지지 않은 중년에 불과하다. 하지만 괜찮다. 보통 사람이기에 대중들과 소통할 능력을 지닌 것 아닌가?

한때는 특별함을 유지하기 위해 발버둥을 쳤다. 얼마나 가엽고 고된 시절이었던가. 어깨를 짓눌렀던 무거운 외투를 벗어 던졌다. 평범한 자신을 인정하고 나니, 창작의 자유를 얻었다.

옥스퍼드에는 가을이 왔다. 낙엽이 바람에 흩날리며 고딕 건물의 벽을 스친다. 나는 좁은 골목길을 지나 캠퍼스 중심으로 향한다. 작은 강의실마다 세계적인 학자들과 각 지역을 대표하는 수재들이 열띤 토론을 벌인다. 나는 그 풍경에 감탄할 뿐, 부러워하지 않는다. 리셋의 지혜를 얻은 덕분이다.
아버지와 외할머니의 죽음 이후에 '리셋 인생'을 살게 됐으니, 하늘에 계신 분들께 감사할 일이다.

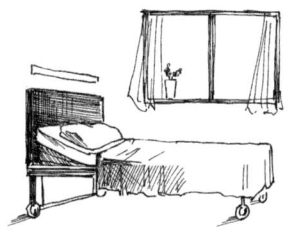

옥스퍼드의 글쟁이

주일이다. 종소리가 울린다. 쇳덩이를 쳐서 만든 파장은 타원을 겹겹이 그리며, 낮은 건물들을 지나 처웰 강을 따라 달린다. 나는 일요일 아침마다 아내와 딸의 손을 잡고 인근 교회로 나간다.

영국인들은 유난히 스몰 토크(Small Talk)에 강하다. 예배 중간에 옆자리 사람들과 대화할 시간을, 목사님께서 따로 내어줄 정도다. 유난히 스쳐 가는 인연들이 많은 대학 도시. 대화 소재는 언제나 무궁무진하다.

동양에서 온 가족을 발견한 젊은 교인이 환하게 웃으며 다가온다. 그는 묻는다.

"어떤 일을 하고 계세요?"

"… 아 …."

직업을 묻는 가벼운 인사에 잠시 머뭇거려야 한다. 기자, 감독, 기획자, PD, 교수, 연구원 그리고 작가까지. 나는 과연 무엇을 하는 사람인가?

드라마를 쓰겠다는 각오를 했을 때, 가장 먼저 떠오른 것은 한 장의 사진이었다. 그것은 해안가 바위에 무릎을 꿇고 먼바다를 응시하는 젊은이의 초상이다.

남자의 이름은 성국. 나는 그와 함께 한국과 중국의 바다를 건넜다. 성국은 북한 출신이다. 중국으로 도망친 뒤 원양어선을 탔다. 먹고 살기 위해서다. 공해에서 신분증을 요구하는 이는 없었다. 남한으로 가야겠다고 결심했지만, 탈출로를 찾기 어려웠다. 선교사의 도움을 받아 동남아시아로 이어지는 국경을 겨우 넘었다. 아내는 탈출 길에서 만났다. 모든 게 낯선 남쪽 나라에서 아내는 그의 유일한 친구다. 첫 아이를 가진 아내는 남편에게 부탁했다.

"엄마가 너무 보고 싶어."

그녀를 위해서라면 하늘의 별도 따다 줄 수 있었다. 성국은 탈북 브로커와 손잡고 장모님을 본가에서 탈출시켰다. 아이가 태어나기 전, 모녀(母女) 상봉을 성사시키려는 예비 아빠는 무모한 선택을 했다. 밀항선을 직접 몰고 남한 항구도시로 가는 것. 아무도 성공하지 못한 위험한 시도였다. 막막해진 그는 끝없는 바다를 물끄러미 바라보다가 중국산 담배에 불을 붙였다.

사진은 크로스미디어 팀의 후배가 찍었다. 외로움이 뚝뚝 묻어나는 성국의 모습을 보면서, 나는 논픽션을 껴안고 픽션의 세계로 돌진하리라 다짐했다.

다큐멘터리는 육중한 진실의 힘을 가지고 있다. 하지만 영화, 드라마처럼 상상의 자유를 펼칠 수 없다. 반면, 픽션은 무궁무진한 창작이 허용된다. 그러나 현실성 없는 이야기는 설득력을 얻지 못한다. 직접 보고 들은 팩트(facts) 위에 환상 한 스푼, 그러면 좋은 드라마가 되겠다는 결론에 이르렀다.

종군기자 경험을 첫 드라마에 녹이기로 했다. 제목은 〈오래된 여름〉. 유명한 드라마 연출자와 인연이 닿았다. 하지만 신인 작가의 드라마 데뷔는 험난했다. 업계의 은어대로 '엎어지기'만 여러 차례, 한류스타인 주인공을 캐스팅하고도 촬영에 들어가지 못했다. 금방 이뤄질 것 같았던 드라마 데뷔는 10년을 넘기고 있다.

늦은 가을, 절친한 드라마 제작사 대표가 대학으로 찾아왔다. 학교 업무와 드라마 창작 사이에서 갈팡질팡하는 작가에게 충언을 했다.

"수백억 원이 들어가는 비즈니스입니다. 양다리를 걸쳐서는 좋은 결과를 기대할 수 없어요."

나는 눈치챘다. 그가 얼마나 힘들게 말을 꺼냈는지, 한눈을 파는 작가를 믿고 드라마를 제작하는 게 얼마나 어려운지.

오랜만에 성국의 사진을 꺼냈다. '생존'보다 더한 가치를 알지 못하는 난민들, 탈북자와 브로커가 직조해 낸 냉혹한 스토리를 써보자는 아이디어였다.

마침 2년 연속 신입생 미달 사태가 벌어지면서 신설 학부는 혼란에 빠졌다. 학부장인 나는 책임을 통감했다. 누군가 책임을 져야 한다면, 그것은 리더의 몫이다. 담담한 마음으로 학교에 사표를 제출했다. 국내외 저널리즘상을 여럿 받은 이력으로, 영국 글로벌 텔런트 비자를 받았다. 그렇게 옥스퍼드로 왔다.

아침에 눈을 뜨면 보들리언 도서관으로 갔다. 젊은 대학생들 사이에 둥지를 틀고 대본을 썼다. 8부작 드라마 집필에 걸린 시간은 겨우 6개월, 전부를 걸고 글에 집중한 결과다. 이번 작품의 제목은 〈구원자〉. 영화 〈친구〉, 〈소방관〉으로 유명한 곽경택 감독님이 연출을 맡았다.

한국으로 돌아갈 시간이 됐다. 하지만 영국에서도, 한국에서도 더 이상 일터가 없는 백수 신세. '외국에서 무슨 일을 해도 좋은 경험 아닐까?'라는 생각을 했다.

옥스퍼드에 조금 더 머물겠다는 욕심을 부렸다. 테스코(TESCO)에 제출할 이력서를 여러 번 고쳐 썼다. 지은 케어(Jieun

Kiaer) 교수님을 만난 건, 그 언저리다.

한국인 유일의 옥스퍼드 풀 프로페서(Full Professor)인 케어 교수님은 세계적인 언어학자이다. 대학에 근무하는 동안 수많은 학술서를 썼다. 작사가이자, 소설가이며, 시인이기도 하다. 그녀는 옥스퍼드 영어사전(OED)의 한국어 컨설턴트로, '한류', '치맥', '먹방', '오빠', '판소리', '달고나' 등의 단어를 등재했다.

용기를 내서 케어 교수님께 이메일을 보냈다. 하지만 답장은 없었다. 비행기 출발일이 다가오고 있었다. 마지막이라는 생각으로, 추가 편지를 보냈다.

며칠 뒤, 우리는 어느 칼리지 정문 앞에서 만났다. 국제 학술대회를 마치고 돌아온 케어 교수님은 한 시간밖에 여유가 없다고 말했다. 나도 서둘러 귀국 보따리를 싸야 했기에 아쉽지 않았다. 60분을 예정한 만남은 여러 시간을 훌쩍 넘겼다. 우리는 서로의 약속을 줄줄이 취소하고 즐거운 대화를 나눴다. 연구와 창작의 조화에 대해 언급했고, 쓰고 싶은 단행본과 대본에 관해 이야기했다.

지음(知音)이란 이런 것이다. 나는 오랜 친구를 타향에서 만난 것처럼 행복했다.

옥스퍼드대학교의 새로운 트렌드는 연구와 창작의 결합이다. 무려 3,500억 원이 투입된 슈워츠먼 센터(Stephen A. Schwarzman

Centre for the Humanities)는 인문학 연구와 교육을 지원하는 복합 시설이다. 영어, 역사, 언어, 음악, 철학, 신학 등 주요 학부와 AI(인공지능) 윤리연구소, 인터넷연구소 등이 한데 어우러졌다.

예술은 센터의 중심에 있다. 500석 규모의 콘서트홀, 250석 극장, 100석의 실험 공연 공간 등이 마련됐다. 혹자는 이와 같은 트렌드에 동의하지 않는다. 천 년 역사의 대학은 연구기관일 뿐, 대규모 융합은 기부금 때문에 벌어진 일시적인 현상이라는 주장이다. 물론 해석의 영역이다.

케어 교수님과 나는 속된 말로 '쿵짝'이 잘 맞는다. 학교에서 그녀를 만나면 무척 반갑다. 원했던 주제로 실컷 수다를 떨 수 있으니까.

한류 연구의 보금자리 마련도 수다에서 나왔다. 한때 세상을 물들였던 일본과 홍콩의 대중문화를 보라. 한류 역시 같은 길을 걷지 말라는 보장이 없다. 연구와 교육이 절실한 까닭이다.

목표는 옥스퍼드에 한류센터를 설립한 뒤, 한류 연구를 체계화하는 것. 세계적으로 주목받는 창작물도 나와야 할 테다. 세상에 없던 연구소를 세울 생각에 가슴이 콩닥거리면서 뛰었다.

가장 큰 난관은 역시 비용이다. 센터는커녕, 연구 프로그램을 신설하는 데도 수십억 원이 필요하다.

도움의 손길은 예상하지 못한 곳에서 나왔다. 남경필 은구

(NGU: Never Give Up) 대표는 마약 퇴치 특강을 위해 영국을 찾았다. 그에게 한류 연구 계획을 설명하자 이렇게 대답했다.

"옳은 일이라면 분명히 주님께서 응답하실 겁니다."

기적의 서막이었다. 대표님을 통해 중견기업을 만났다. 그분들의 도움 덕분에 꿈은 현실로 변신 중이다. 대표님과 교수님이 주도한 일이다. 나는 측면 지원을 맡았을 뿐이다. 하지만 감격스럽다.

새로운 청소년 교육기관을 돕는 일도 함께 하고 있다.

김형석 작곡가는 케이팝을 대표하는 아티스트이다. 그와는 오랫동안 '케이팝 국제학교(가칭)' 설립을 의논해 왔다. 우리에게 있어 'K'는 '대한민국'를 뜻하지 않는다. 그것은 한국에서 시작했으나, 아시아 전체를 대표하는 문화이다. 한국인이 '독점'하는 무엇이 아니라, 아시아가 '공유'하는 그것이 되어야 지속력을 가질 수 있다고 믿는다.

그는 셸도니언 홀(Sheldonian Theatre)에서 '케이팝의 역사와 미래'를 주제로 강연한 적 있다. 600명 넘는 관객들이 350년 역사의 극장을 가득 채웠다. 하이라이트는 마지막을 수놓았다. 그는 직접 작곡한 1,400여 곡의 저작권을 옥스퍼드 연구를 위해 내놓겠다고 말했다. 관객들은 함성을 지르면서 기립박수를 쳤는데, 나는 온몸에 소름이 돋았다.

케이팝 소재의 다큐멘터리 두 편을 연출하면서, 연습생 시스

템의 한계를 보았다. 김 작곡가 역시 같은 생각이었다.

미래는 교육에서 비롯된다. 예술가 지망생에게 인문학을 가르치고 기술과 융합할 능력을 연마케 해야 한다. 당면한 과제인 동시에 시급한 숙제이다. 모든 결정을 '내'가 아닌 '데이터'에 맡기는 AI 시대, 인간을 인간답게 하는 것은 예술이기 때문이다.

옥스퍼드와 인연을 맺은 '케이팝 국제학교'는 머지않아 문을 열 것이다. 뛰어난 재능을 가진 아시아의 어린 학생들을 만날 생각을 할 때마다, 나는 기쁨과 전율에 요동친다. 여기서 글을 쓰고 가르칠 수 있기를 기원하고 있다.

사람들은 묻는다.
"당신에게 옥스퍼드는 어떤 의미입니까?"
여기서 보낸 시간은 내게 창작의 의미를 일깨워주었다. 글쓰기는 나를 세계와 연결하는 다리였고, 스스로를 지탱하는 굳건한 뿌리였다. 그동안 미처 깨닫지 못하고 살았을 뿐이다.
더불어 옥스퍼드는 기자, 감독, 기획자, PD, 교수, 연구원 등 파편적으로 살아온 인생을 하나로 묶어주는 사유와 지혜를 제공했다. 감사한 일이다.

벌써 오십 중반을 넘어가는 나이. 내 삶의 다음 챕터는 어디에서 쓰이게 될까?

잘 모르겠다. 분명한 건 하나다.

자신의 한계를 겸허히 인정하면서 도전을 멈추지 않을 것이다. 어디에 있던 작가라는 업(業)의 본질을 잊지 않고 지낼 것이다. 옥스퍼드에서 충분한 자양분을 얻는 나는, 더 이상 영국에 머물려고 애쓰지도 않을 것이다. 주어진 일을 마치면 다시 길을 떠나는 게 떠돌이 작가의 순리다.

주말이면 교회에 간다.

새 학기를 앞두고 대학에 합류한 새내기들의 얼굴이 보인다. 예배 중에 목사님의 말씀에 따라 서로에게 인사를 전한다.

누군가 내게 물으면, 나는 이제 자신 있게 대답하겠다.

"어떤 일을 하고 계세요?"

"저는 대한민국에서 온, 옥스퍼드의 글쟁이입니다."

꿈꾸는 늙은 청년

김구 선생님의 꿈을 담은 '나의 소원'은 1947년에 쓰였다. 72세의 노인은 해방 이후의 혼란, 한반도 분단의 조짐, 정치적 좌절 속에서도 국가와 민족의 미래를 문화에서 찾았다.

절절한 슬픔과 뜨거운 열망을 하나의 글에 녹였는데, 과연 '대한민국의 비전 선언문'이라 일컬어질 만하다. 죽음을 앞둔 나이에 청년의 꿈을 설파한 민족 지도자. 선생님의 글 일부를 여기에 옮기는 것은 피 끓는 이상을 기리고자 함이다.

나는 우리나라가 세계에서 가장 아름다운 나라가 되기를 원한다.
가장 부강한 나라가 되기를 원하는 것은 아니다. 내가 남의 침략에 가슴 아팠으니, 내 나라가 남을 침략하는 것을 원치 아니한다.
우리의 부력(富力)은 우리의 생활을 풍족히 할 만하고, 우리의 강력(强力)은 남의 침략을 막을 만하면 족하다. 오직 한없이 가지고 싶은 것은 높은 문화의 힘이다. 문화의 힘은 우리 자신을 행복하게 하고, 나아가서 남에게 행복을 주기 때문이다. 지금 인류에게 부족한 것은 무력도 아니오, 경제력도 아니다.

자연과학의 힘은 아무리 많아도 좋으나, 인류 전체로 보면 현재의 자연과학만 가지고도 편안히 살아가기에 넉넉하다. 인류가 현재에 불행한 근본 이유는 인의(仁義)가 부족하고, 자비가 부족하고, 사랑이 부족한 때문이다. 이 마음만 발달이 되면 현재의 물질력으로 20억이 다 편안히 살아갈 수 있을 것이다.

인류의 이 정신을 배양하는 것은 오직 문화이다. 나는 우리나라가 남의 것을 모방하는 나라가 되지 말고, 이러한 높고 새로운 문화의 근원이 되고, 목표가 되고, 모범이 되기를 원한다. 그래서 진정한 세계의 평화가 우리나라에서, 우리로 말미암아 세계에 실현되기를 원한다.

– 《백범일지》, 백범 김구, '나의 소원' 중에서

읽을수록 심장이 뜨거워지는 글이다. 나는 선생님의 간절한 염원이 오늘날 '한류(韓流)'로 이어졌다고 믿는다.

최근 영국에는 '한류'가 한창이다. 알려진 대로 케이팝(K-pop), 케이드라마(K-drama)가 큰 사랑을 받고 있다. 한식(K-food), 화장품(K-beauty), 게임(K-game), 한국어(K-language)까지 폭발적인 성장세를 기록 중이다.

김구 선생님의 꿈이 백 년도 지나지 않아 현실화된 셈이다. 평생을 식민지 조국을 위해 싸우면서 제국주의자에게 쫓겼던 그의 고초는 결코 헛되지 않았다.

나는 영국을 방문한 드라마 제작사 대표님과 호텔 로비에 있었다.
그는 가방 깊숙하게 넣어둔 여권을 찾느라 분주했다. 그때였다. 로비 직원이 유창한 발음으로 권했다.
"오빠, 천천히 하세요. 슬로우~ 슬로우~"
제작사 대표는 깜짝 놀라서 안경을 고쳐 썼다.
"어떻게 한국말을 아세요?"
"드라마 보면서 배웠죠."
직원은 드라마 제목들을 줄줄이 읊었는데, 업계 사람들조차 익숙하지 않은 작품이 여럿이었다.
문화의 힘은 멀리 있지 않다.

십여 년 전, 나는 영국에서 6개월가량 머물렀다. 주변 사람들로부터 가장 많이 받은 질문은 이것이다.
"어디서 왔어요? 북한? 남한?"
과거에 유학을 경험했거나, 이민을 오신 분들께 나의 경험을 전하면, 그들은 빙그레 웃는다. 대한민국이라는 나라를 전쟁으로만 기억하던 시절, 영국인들은 "일본인이야? 중국인이야?"라며 해맑게 물었다. 악의가 없으니, 화를 낼 수도 없는 일이다. 분단된 조국을 상세하게 설명한 뒤에는 이런 질문을 받왔다.

"그럼, 서쪽 한국에서 온 거야? 아니면 동쪽?"

그들은 분단 독일의 경험을 떠올렸음에 분명하다.

하지만 우리가 발을 딛고 있는 지금, 더 이상 어리석은 문답은 반복되지 않는다.

영국인들은 한국의 대중문화를 궁금해한다. 세계적인 관심을 받는 아이돌 밴드, 에미상을 여럿 받은 드라마 시리즈, 아카데미를 독차지한 영화, 노벨문학상을 수상한 작가와 소설, 토니상을 휩쓴 뮤지컬까지. 대한민국은 대중문화로 세계를 호령하고 있기 때문이다. 그야말로, 코리안 인베이전(Korean Invasion)이라 할 만하다.

나는 김구 선생님을 다시 떠올린다. 한 치 앞도 보이지 않던 캄캄한 현실에서 미래를 꿈꾸고 비전을 제시했다. 그는 생사와 나이를 초월해 젊은 청춘이다.

내가 살고 있는 옥스퍼드대학교는 국력의 각축장이다.

각 나라는 세계 최고의 연구기관에 자국의 이름을 딴 연구센터를 짓고, 역사와 문화를 연구하도록 권장한다. 사회정치적 상황을 분석해 미래를 전망하게 하는 한편, 유학생 공동체의 구심점 역할도 맡긴다. 자본의 힘이 연구까지 확장된 사례다.

덕분에 중국센터, 일본센터, 인도센터가 옥스퍼드 캠퍼스의 중심에 자리 잡았다. 러시아센터, 아프리카센터, 튀르키예센터, 아세안연구소 등이 운영되거나 설립 중이며, 최근에는 인도네시아센터, 대만 프로그램, 우크라이나 프로그램 등이 주목받고 있다.

한국은 제2차 세계대전 이후 후진국에서 선진국으로 발돋움한 유일한 국가다. 문화를 통해 유럽의 젊은 세대로부터 추앙받는 나라이기도 하다.

세계 각국의 무한 경쟁이 일상화된 옥스퍼드에 한국센터 혹은 한류센터가 없다는 사실은 안타깝다. 글로벌 영향력이 큰 대학을 통해 '지속가능한 한류'를 체계화하고, 한국어 등 우리 고유문화를 유럽의 교육체계에 편입시킬 기회를 놓치고 있기 때문이다.

하지만 연구센터를 설립하는 데에는 현실적 어려움이 많다. 정부 혹은 민간기업이 후원자로 나서야만 한다. 센터 설립에는 적지 않은 비용이 들고, 단기간에 급성장한 대한민국에는 기부 문화가 아직 정착하지 못했다.

영국의 너필드 경(Lord Nuffield)을 떠올린 까닭이다.

너필드 칼리지(Nuffield College)는 옥스퍼드대학교의 여러 칼리지 가운데 하나다. 사회과학 및 의학 분야 연구로 명성을 떨치는데, 이 칼리지를 세운 이가 바로 너필드 경이다.

그는 옥스퍼드의 가난한 자전거 수리공으로 자전거를 고치는 솜씨가 뛰어났다고 한다. 1912년, 모리스 모터스(Morris Motors Ltd)를 설립하고 오토바이와 자동차를 만들었다. 미국식 대량생산 방식을 영국에 도입했는데, 그것이 성공의 디딤돌이 되었다.

학비가 없어 공부를 중단했던 소년은 1930년대 영국 최고 갑부로 성장했다. 당시 그의 재산은 3천만 파운드. 오늘날 가치로 따지면 수십조 원에 이른다. 그는 정규 고등교육을 받지 못한 서러움을 잊지 않았다. 연구를 통해 사회, 의학, 교육 발전에 이바지해야 조국의 부강함이 지속될 것이라 믿었다.

그는 1936년 옥스퍼드 의학연구소(Nuffield Institute for Medical Research)에 거액을 기부했다. 1년 뒤에는 자신의 이름을 딴 칼리지를 세우고 뛰어난 연구자들을 아낌없이 지원했다. 여기에 들어간 비용은 자그마치 2천만 파운드, 그의 재산 대부분이었다.

너필드 경은 자동차 산업을 일으킨 업적과 연구를 위한 아낌없는 기부로 칭송을 받으며, 기사 작위에 이어 남작(Baron), 자작(Viscount)의 반열에 올랐다. 가난한 수리공이 국왕 및 귀족들과 어깨를 나란히 하고, 세계 최고 대학에 이름을 남겼으니 통쾌한 일이다. 하긴, 왕후장상의 씨는 따로 없는 법이다.

우리에게는 왜 너필드 경 같은 분이 없을까? 한류를 연구하고 체계화해야 대한민국의 선한 영향력이 지속될 텐데 말이다. 이 같은 나의 아쉬움은 오판에 불과했다. 김구 선생님의 정신은 세대를 이어 면면히 이어지고 있기 때문이다.

불과 몇 달 전의 일이다. 케어 교수님과 나는 한류 연구 프로그램을 신설하기 위해 어느 중견기업의 도움을 받게 됐다. 기적 같은 일이었다. 프로그램에 이어 센터까지 설립하려면 300억 원 내외의 거금이 필요했다. 전액을 모으진 못했어도 한류 연구 프로그램을 시작할 수 있다는 것만으로 기뻐웠다.

케어 교수님은 사회과학대 학장님을 모시고 중견기업에 감사 인사를 드리러 한국으로 갔다. 며칠 뒤에 나도 비행기를 탈 예정이었다.

다급한 전화벨이 울린 건 태양이 작열하는 정오였다.

전화기 너머 케어 교수님의 목소리는 떨렸다. 그녀는 말했다.

"회장님께서 엄청난 돈을 기부하기로 결정하셨어요. 옥스퍼드에도 이제 한류센터를 세울 수 있게 됐어요."

전후 사정은 이렇다. 학교는 한류 연구 프로그램을 신설하면서 현대한국학센터(Oxford Centre for Contemporary Korean Studies)에 깊은 관심을 보였다. 몇몇 국가가 연구 기금을 가져와도 거절하던 옥스퍼드에서는 이례적인 사건이다. 다만 프로그램 비용을 마련하는 것만으로도 벅찼기에, 센터 설립은 먼 미래의 일로 남겨두었다.

중견기업의 회장님과 임원들은 저녁 식사 자리에서 자초지종을 들었다. 그들은 몇 가지 사실 확인을 한 뒤 즉석에서 센터 설립을 지원하기로 했다. 회장님은 술잔을 들고 임원들에게 말했다고 한다.

"기부금은 우리한테 매우 큰 돈입니다. 하지만 국가를 위해 일하는 건 영광 아닙니까? 우리 임직원 모두 더욱 열심히 일합시다. 그래서 돈도 많이 벌고, 기부도 많이 합시다."

중견 기업이 내세운 조건은 단 두 가지였다.

하나는 언론에 널리 알리지 말 것, 다른 하나는 후원자 이름을 대한민국 앞에 두지 말 것!

성경에는 '오른손이 하는 일을 왼손이 모르게 하라'는 말씀이 있다. 마태복음 6장에 기록된 복음이다. 남에게 보이려는 마음으로 선행이나 기부를 하지 말고, 은밀하게 구제하라는 의미다. 귀한 말씀이지만, 결코 실행하기 쉽지 않은 덕목이다.

나는 중견기업의 뜻에 따라 감히 회사의 이름과 기부 내역을 여기에 적지 않는다. 하지만 그들의 결정은 마땅히 존경받아야 하며, 역사에 남겨질 것이라 믿는다. 더불어 머지않아 세상에 알려지리라 예상한다. 낭중지추(囊中之錐), 뛰어난 이는 숨으려 해도 드러나기 마련이다.

옥스퍼드의 현대한국학센터(Oxford Centre for Contemporary Korean Studies)는 2026년에 문을 열 것이다.

나는 다짐한다. 센터를 건립하는 데 일조하는 것까지가 내 역할이다. 물론 여기서 일을 할 수 있다면 영광이리라. 그러나 그것을 전제 조건으로 삼을 수는 없다. 사적인 욕심이 공적인 일을 그르친 사례를 역사에서 배웠다.

사정을 아는 이들은 내게 조언한다. 일을 준비할 때와 치를 때의 마음이 다른 법이니, 서둘러 너의 자리를 보장받으라고. 그러나 나는 그렇게 생각하지 않는다.

중견기업이 기부하기로 약속한 돈은 말로 표현하기 어려울 만큼 소중하다. 그것이 나의 개인적 이득을 위해 사용되는 일이 없도록 삼가야 한다.

마음씨 고운 담당 교수님은 내가 옥스퍼드에서 더 일할 수 있게 하려고 백방으로 뛰어다닌다. 그럴 때마다 감사의 마음을 전하는 동시에 만류한다. 그녀의 마음을 알았으니, 그것으로 족하다.

돌아보면 놀라움의 연속이었다. 영국에 온 것도 기적이고, 잠시라도 옥스퍼드에서 일한 것도 기적이며, 귀한 분들을 만나 대한민국의 레거시를 남기게 된 것 역시 기적 아닌가.

그래서 종종 케어 교수님께 농담 섞어 말한다.

"마음고생하지 마세요. 순리대로 가면 됩니다. 대신, 센터가 세워지면 주춧돌에 제 이름을 조그맣게 새겨주세요."

교수님은 웃으며 묻는다.
"왜 자꾸 떠날 생각만 하세요? 주춧돌 이야기는 또 뭐구요?"
"훗날 어린 딸한테, 아빠가 영국에서 무슨 일을 하느라 바빴는지 알려주고 싶어서요."

중요한 일에는 용기가 필요하다. 그것은 나를 저버리고, 조연으로 살아갈 각오를 포함한다.
다양한 일을 해오면서 내 이름 석 자를 남긴 적이 드물다. 쉰 중반의 나이에 다른 나라에 와서 무엇을 위해 열정을 바쳤는지 아내와 딸, 선후배와 동료, 그리고 제자들에게 이야기할 수 있으면 그만이다.

이제 긴 글을 마칠 시간이다. 못난 기록을 읽어주신 독자님들께 드릴 말씀을 짧게 남긴다.
머지않아 옥스퍼드대학교에도 대한민국의 전진기지인 연구센터가 설립될 것이다. 케어 교수님과 나는 이곳 마당에 한국식 정자를 세우기로 다짐했다. 정자는 한국을 상징하는 휴식과 사색의 공간이니까.
독자 여러분들께서 유럽을 찾아오면 꼭 들러 주시길 당부한다. 여기서 김구 선생님의 꿈을 반추하고, 국가의 미래를 생각해 보시길 권한다. 우리는 여전히 가야 할 길이 멀다.

석양이 내리고 어스름이 깔린다. 저녁 안개가 옥스퍼드를 사 사롭게 감싸안는 시간. 오늘 하루도 지나가고 있다.

나는 중앙도서관을 구성하는 래드클리프 카메라(Radcliffe Camera)의 1층에 앉아 상상에 잠긴다. 굵은 땀을 흘리면서 현대한국학센터의 정자를 청소하는 모습이다. 혹시 기회가 되어 필자를 만나면 반갑게 인사를 건네주시길. 그때 그 정자를 찾는 한국인이 나를 반갑게 아는 체하면, 나는 커다란 목소리로 인사할 것이다.

"반갑습니다, 이학준입니다. 먼 길 오시느라 고생 많으셨습니다."

에필로그

조명이 꺼졌다. 천천히 검은색 커튼이 내려왔다. 얇은 막을 경계로 무대와 관객석 사이에 살그머니 긴장이 피어올랐다.

여기는 일본 동경. 나인뮤지스 소녀들은 숨을 가쁘게 내쉬면서 바닥에 무릎을 꿇었다. 한 시간 넘게 춤을 추고 노래를 불렀다. 관객의 냉정한 판단을 기다릴 시간이다.

해외에 진출할 만큼 흡족한 공연이었다면, 분명히 '앙코르'가 외쳐질 것이다. 국내에서 많은 실패를 경험한 멤버들은 서서히 식어가는 체온과 함께 몸을 떨기 시작했다. 긴장이 빠져나간 자리를 두려움이 차곡차곡 채우고 있었다.

다큐멘터리의 주인공인 세라는 얼마 전에 리더 자리를 잃었다. 소녀는 모두가 떠난 연습실에 홀로 남아 많이 울었다. 하지만 그녀는 무대 밖으로 도망치지 않았다. 대신 마음을 굳게 먹었다. 비행기를 타기 전, 그녀는 피가 배어 나올 만큼 입술을 꽉 깨물었다.

세라와 멤버들은 과연 케이팝 걸 그룹으로 생존할 수 있을까? 해답은 일본에서의 첫 공연 결과가 전해줄 것이다. 긴장된 순간이다.

그때였다. 무언가 떨리는 소리가 들렸다. 그것은 세라의 손에 쥐어진 마이크에서 나는 소음이다. 그녀는 바들바들 떨고 있었다. 나는 카메라 감독에게 신호를 보냈다. 관객의 판단을 초조하게 기다리는 아홉 소녀를 담기 위해 우리는 마른침을 꼴깍 삼켰다.

다큐멘터리의 정의는 여럿이다. 매 학기 대학 강의실에 설 때마다, 학생들 앞에서 다양한 개념을 설명하곤 했다. 하지만 내게 있어 다큐멘터리는 독특한 정의를 가지고 있다.
'그것은 다른 이의 시간을 훔치는 행위다.'
감독이 관객들에게 하고픈 이야기를, 타인의 삶을 통해 전달하기 때문이다. 그런 이유로 다큐멘터리 제작에서 가장 중요한 작업은 좋은 주인공을 만나는 일이다.
하늘이 점지한 것 같은 주인공을 만난 감독은 비명부터 질러야 한다. 그리고 그들을 카메라 앞에 세우기 위해 갖은 달콤한 말을 내뱉는 것도 잊지 않는다. 나도 그랬다. 그래서 자주 고민했다. 혹시 내가 카메라에 담는 주인공의 인생을 비집고 들어가 참견하고, 나아가 불행으로 이끄는 건 아닐까.

케이팝의 현실을 담고 싶었던 나는 종종 세라에게 말했다.
"영화 〈드림걸즈〉 알지? 그런 엔딩을 찍을 거야."
하지만 다큐멘터리는 극영화가 아니고, 현실은 상상과 다르다. 만약 약속대로 진행됐다면, 세라와 나는 일본의 도쿄돔에서 우렁차게 울리는 관객들의 환호에 귀부터 막아야 했을 테다. 커튼콜을 애타게 기다리던 걸 그룹 멤버들을 떠올리는 지금, 여전히 마음이 쓰라린 까닭이다.

책을 쓰는 동안 많이 힘들었다. 혹여라도 스스로를 포장할까 두려웠으며, 과연 이런 글을 세상에 내놓아도 되는지 자문했다. 수차례 포기할까, 고민했다.

이 글을 끝까지 밀고 나간 데는, 돌아가신 아버지의 기억이 컸다. 고백건대, 우리는 유난히 사이가 나쁜 부자(父子)였다. 그분은 일찍 사업에 실패하고 오랜 기간 알코올 중독에 시달렸다. 아버지가 돌아가신 장례식장에서 나는 울지 않았다. 친척들조차 그럴 만하다고 고개를 끄덕였을 정도였으니까.

하지만 어려운 시간을 마주할 때마다, 나는 엉뚱하게 가장 미워했던 이를 떠올리게 됐다. 그는 내게 가끔 뜬금없는 말을 했다.

"용기를 내, 기죽지 말고."

지나간 삶을 정리하면서 한동안 잊었던 아버지의 북돋움을 반추했다. 그리고 눈가가 붉어졌다. 어느새 나도 외동딸에게 같은 말을 해야 하는 처지다. 아이는 부모를 따라 해외에 나와 새로운 환경에 적응하느라 버겁다. 그런 아이를 보면서 주문 같은 아버지의 말을 전한다. '지유야. 용기를 내, 기죽지 말고.'

세상일은 알 수가 없다.

글을 마무리하면서 고마운 사람들을 적는다.

무엇보다 아내에게 참 미안하다. 세상살이에 익숙하지 못한 남편을 만난 탓에 엄한 곳으로 끌려와서 고생한다. 피아노를 전공한 '김나래'라는 본명을 잊고 아내와 엄마로 지내고 있으니, 원통한 일이다. 진심으로 존경하고 사랑한다는 말을 남기고 싶다.

이 책에 자주 등장하는 지유는 열한 살, 딸의 이름이다. 그저 괜찮다고, 지금 잘하고 있다고 응원해 주련다. 밝고 체력 넘치는 아빠가 아니라서 힘차게 놀아주지 못하지만, '있는 그대로'의 너를 좋아한다고 고백하겠다. 아이가 가고픈 학교에 시험을 보고 합격했는데도 보내주지 못했다. 버스 창밖으로 스치는 학교 풍경에 눈물을 참았다는 말을 들은 적이 있다. 아빠는 세상을 떠나는 날까지 평생 미안함을 잊지 못할 것이다. 내 부모도 나에게 그랬던 것을 이제야 알았다.

아둔한 글이지만 내게는 귀하다. 그래서 가장 믿는 분들에게 리뷰를 요청해 왔다.

탁영환 감독님은 내 친구다. 둘 다 참… 세상에 쓸데없는 짓만 골라 하느라 가정에 소홀했다. 그러나 그의 작품이 얼마나 대단한지, 내가 보증한다.

김응종 교수님은 스쳐 지나가는 인연도 소중히 여겨야 함을 가르쳐준 분이다. 엄융의 교수님은 내 인생의 멘토이다. 희망과 건강의 중요함을 알려주셨다.

한국에 가면 두 분을 찾아가야 할 테다. 많이 고맙다. 전우혁과 전채리는 존경하는 언론사 선배의 아들, 딸이다. 어리석은 글에 젊은 기운을 불어넣어 주었다. 잊지 않겠다.

김대환 대표님은 드라마 프로듀서다. 그의 응원 덕분에 10년 넘게 대본을 쓸 수 있었다. 대표님은 잠시 힘든 시기를 보내고 있다. 하지만 다시 일어나 좋은 작품들을 만들어 낼 것을 굳게 믿는다. 그가 끊임없이 보내준 믿음을 생각하며, 오늘도 도서관 책상 앞에 앉는다.

이름을 밝힐 수 없는 인권운동가를 기억한다. 내 인생의 동반자 같은 분이다. 그는 지금 일반인들이 생각하기 힘든 어려움을 겪는 중이다. 세상의 평판도, 현행법도 모두 그를 배척하고 있다. 나는 그분을 떠올릴 적마다 가슴이 미어진다. 우리는 목숨을 걸고 함께 국경을 넘나들었다. 내가 그를 위해 기도한다고 편지를 보내면, 그분은 거꾸로 멀리 지내는 나를 위해 통성 기도한다고 답한다. 그래서 나는 지금도 아프다.

주춘미는 애정하는 제자다. 이 친구 덕분에 다시 다큐멘터리를 붙잡을 힘을 얻었다. 춘미가 부쩍 성장해서 아티스트로 자리 잡는 걸 지켜보면서 기쁘다. 이 책의 표지 일러스트도 제자의 작품이다. 자랑하는 말이다.

마지막으로 어머님과 이모님, 장인어른과 장모님께 감사드린다.

글을 쓰며 지나온 삶을 돌아보고 가치관을 다시 세울 수 있었다.

조연으로 살아가는 용기, 그것은 남을 부러워하고 시기하는 것이 아니라, 내게 주어진 길에서 성취를 얻는 지혜이자 힘이다. 본의 아니게, 스스로 빛나기보다는 다른 이를 비추며 걸어온 길이었다.

나는 이제 인생의 다음 막을 고민한다. 분명 영국이 아닌 다른 나라에서 벌어질 도전과 응전이리라. 그곳은 한국일 수도, 아니면 또 다른 외국일 수도 있겠다. 다만 변하지 않는 것은 하나다. 기죽지 않고 용기를 내서 나아갈 것이며, 나의 존재를 드러내려고 애쓰지 않을 것이다. 이름 없는 들꽃도 아름다운 법이다.

나와 같은 처지에 있을지도 모를 독자들께 깊은 감사와 연대를 보낸다.

다시 걸 그룹을 생각한다.

세라와 소녀들은 커튼콜을 받았다. 일본 관객들은 목청을 돋워 '앙코르!'를 일본식 발음으로 외쳤다. 천천히 검은색 막이

올라가는데 이상하게 눈물이 났다. 카메라 감독 역시 뷰파인더에서 눈을 떼고 눈물을 닦았다. 애타게 원하고, 포기하지 않는 일은 반드시 이뤄진다는 사실을 또렷이 깨달은 순간이다.

오래 붙들고 있었던 원고를 내려놓는다. 내 삶의 한 챕터가 이렇게 마감되나 보다. 다음 챕터를 위해 신발 끈을 고쳐 매야 한다. 언젠가 나인뮤지스 소녀들을 위해 외쳤던 누군가의 응원 소리가, 저 멀리서 다시 들려오기를 기대한다.

"앙코르~ 앙코르~"

이제 용기를 내서 무대로 올라가자. 세상과 마주할 시간이다. 소박한 인생들에 기립박수를 보낸다.

추천의 말

이 세상의 모든 성공한 삶에는 딱 한가지 공통점이 있다. 낙관주의. 매번 다양한 삶을 온몸으로 부딪히며 살아온 작가는 비록 자신이 원하던 주연이 되지 못했어도 결코 비관적으로 스스로의 행적을 되돌아보지 않는다. 그리고 항상 새로운 일에 도전하며 여전히 현재 진행형이다.

언젠가 한 사전에서 'art'의 정의를 본 적이 있다.

"새로운 것, 진실한 것, 혹은 그것을 하는 행위…."

실로 작가는 예술가로서, 저널리스트로서, 다큐멘터리 PD로서, 교수로서 치열하게 살아왔다. 그가 쓴 드라마 〈구원자〉의 진정성 때문에 함께 작품을 만들기 위해 노력 중이다.

"매번 같은 실험을 반복하면서 전혀 다른 결과를 기대하는 것, 그게 바로 정신병이다."

아인슈타인이 한 말이다. 이 책을 읽으며 그간 작가가 겪어온 다양한 삶을 들여다보면, 반대로 내 마음이 건강해지고 머리가 맑아지는 것을 느낀다. 다른 분들도 꼭 나와 같은 경험을 해 보시길 진심으로 바란다.

곽경택(영화감독)

한국 최초의 '인터넷영화' 감독, 아프간 종군기자, 밀항선을 탄 다큐 감독, 단명에 그친 지방대학 교수, 명문 옥스퍼드대학에서 한국 문화를 알리는 숨은 노력꾼.

좌절과 어렵게 성취한 결과에 대한 자부심이 녹아있는 이 책의 저자 이학준의 이력서다. 좀 좌충우돌해 보이지만 진솔하고 자아 성찰적인 이학준의 경험담을 읽으면서 인간은 꿈을 향해 노력할 때 가장 인간다울 수 있다고 느꼈다.

치매에 걸린 외할머니는 어느 날 저자에게 '사랑한다'라는 메모를 남겼다고 한다. 이학준의 글에도 비슷한 따뜻함이 스며있다. 어떻게 살아갈까, 고민하는 젊은이들에게 일독을 권한다.

최상훈(뉴욕타임스 서울지국장)

What? 이학준 피디가 조연이라고?

저자를 알고 있는 나는 당황하며 책장을 넘긴다. 그리곤 깨닫는다. 이 책에서 이야기하는 '조연'은 화려하진 않지만, 단단한 사람을 지칭하는 단어라는 사실을. 주연이란 결국 조연으로서의 삶을 진심으로 살아낸 사람에게 주어지는 또 하나의 이름이라는 사실을.

이 책은 누군가의 뒤에서, 혹은 곁에서, 세상을 움직이는 모든 이름 없는 이들을 위한 헌사이자 응원의 노래가 될 것이다.

최태성(역사 커뮤니케이터)

작가는 원래 전생에 죄가 많은 사람이라고 한다. 대상을 녹여 숙주로 삼아 감성을 충전하는 성향을 가졌기 때문이리라.

그래서 작가는 한쪽 가슴에는 동심을, 다른 쪽 가슴에는 죄책감을 천형처럼 갖고 살아간다. 어쩌면 양극단의 아픔을 가진 작가의 경험과 참회가 씨앗이 된 작품을 통해 우리는 감동과 위안을 받는지도 모른다. 감사함과 함께.

이학준 작가는 그런 작가이다. 인간적인, 너무도 인간적인 자신만의 스토리를 가진 진짜 작가. 우린 그의 작품 덕분에 서로의 불완전함을 도닥이며 사랑하고 용서하고 추억하게 된다.

김형석(작곡가)

기자에서 다큐 감독 그리고 교수까지…. 나는 그가 한순간도 허투루 살지 않았음을 잘 알고 있다! 쉬운 길로 갈 수 있었으나 험하지만, 의미 있는 길을 택한 그의 인생은 주연이나 조연 같은 여정을 담아 왔으리라!

그의 외로운 여정에 경의를 표하면서 출간을 축하드린다!

형건(EIDF 총괄 PD)

조연으로 살아가는 용기

발행일 | 2025년 11월 12일 초판 1쇄
지은이 | 이학준
펴낸이 | 장영훈
펴낸곳 | (주)이츠북스
편집부장 | 고은경
책임편집 | 김영경
디자인 | 디자인글앤그림
표지 삽화 | 주춘미
내지 일러스트 | 최지민
마케팅 | 남선희, 최지민
홍보 | 김정빈

출판등록 | 2015년 4월 2일 제2021-000111호
주소 | 서울특별시 강서구 화곡로 416, 1715~1720호
대표전화 | 02-6951-4603
팩스 | 02-3143-2743
이메일 | 4un0-pub@naver.com

홈페이지 | www.4un0-pub.co.kr
SNS 주소 | 페이스북 www.facebook.com/saungonggam
　　　　　　　인스타그램 www.instagram.com/saungonggam_pub
　　　　　　　블로그 blog.naver.com/4un0-pub

ISBN | 979-11-94531-06-7 (03810)

※ 이 책은 저작권법에 따라 보호를 받는 저작물이므로 무단 전재와 무단 복제를 금합니다.
※ 이 책 내용의 전부 또는 일부를 사용하려면 반드시 저작권자와 사유와공감의 허락을 받아야 합니다.
※ 잘못되거나 파손된 책은 구입하신 서점에서 교환해드립니다.
※ 책값은 뒤표지에 있습니다.

사유와공감은 (주)이츠북스의 출판 브랜드입니다.

사유와공감은 독자 여러분의 책에 관한 아이디어와 원고 투고를 기쁜 마음으로 기다리고 있습니다. 책 출간 아이디어가 있으신 분은 이메일 4un0-pub@naver.com 또는 사유와공감 홈페이지 '작품 투고'란으로 간단한 개요와 취지, 연락처 등을 보내 주세요. 여러분을 언제나 응원합니다. ☺